Emmanuel

EL PEZ RESCATADO

CW00798295

070.43   Zanzucchi, Michele
ZAN   Emmanuel Milingo : el pez rescatado del pantano. - 1ª ed.
      - Buenos Aires : Ciudad Nueva, 2002.
      160 p. ; 20x13 cm. - (Espiritualidad. Propuestas)

      Traducción de: Honorio Rey

      ISBN 950-586-165-6

      I. Título. - 1. Reportaje a Religiosos

Emmanuel Milingo

EL PEZ RESCATADO DEL PANTANO

Conversaciones con Michele Zanzucchi

Ciudad Nueva

Título original: "*Emmanuel Milingo: il pesce ripescato dal fango*".
Conversazioni con Michele Zanzucchi
Edizioni San Paolo s.r.l., 2002
© Michele Zanzucchi, 2002

Primera edición: septiembre 2002

© Editorial Ciudad Nueva, 2002
Lezica 4358 - C1202AAJ Buenos Aires, Argentina
www.ciudadnueva.org.ar

Traducción: *Honorio Rey*

Foto de tapa: *Michele Zanzucchi*
Foto de contratapa: *Marco Aleotti*
Diseño de tapa: *Matías Blanco*
Diseño de interiores: *Damián García*

ISBN 950-586-165-6
Queda hecho el depósito que marca la ley 11.723

Impreso en Argentina
Printed in Argentina

Declaración autógrafa
de Mons. Emmanuel Milingo

Io, Arcivescovo Emmanuel Milingo, ho voluto concedere questa intervista perché sia chiara la verità, senza zone d'ombra, e perché si sappia che l'unico movente della mia vita è l'amore per Dio, per la chiesa e per l'umanità.

+ E. Milingo

Yo, Arzobispo Emmanuel Milingo,
concedí esta entrevista
para que se conozca la verdad,
sin conos de sombra, y para que se sepa
que la única razón de mi
vida es el amor por Dios, por
la Iglesia y la humanidad.

+ E. Milingo

Una premisa

"Milingo no es un prisionero, nunca lo fue: está en Argentina con los focolarinos". Con estas palabras, el 22 de agosto, en el Meeting *de Rímini (Italia), Mons. Tarcisio Bertone, número dos de la importante Congregación vaticana para la doctrina de la fe, corre, finalmente, el velo sobre uno de los hechos más misteriosos de los últimos años. Prosigue: "No es un prisionero y no está castigado. Es un hombre libre que decidió retirarse voluntariamente por un tiempo". Y anuncia la publicación de un libro, donde Mons. Milingo habría tratado de expresar su propia verdad sobre los hechos de agosto de 2001.*

Tiempo antes, después de meses de silencio, habían vuelto a aparecer artículos y noticias sobre el Arzobispo emérito de Lusaka. María Sung, su esposa por un par de meses según el rito Moon, había regresado a Italia, partiendo luego para Zambia, donde había tratado de exigir el regreso público de Mons. Milingo, involucrando en su pedido a familiares, políticos y periodistas. Hasta que una carta autógrafa al presidente de Zambia y un mensaje tranquilizador a los obispos de ese país, habían puesto freno a la amenaza de una ocupación de la Nunciatura de Lusaka.

Mientras tanto, algunos miembros del Partido Radical Italiano, se manifestaban en la plaza San Pedro con carteles que decían: "Devuelvan a Milingo". A su vez, el teléfono de Mons. Bertone sonaba permanentemente... En ese contex-

to, en los palacios vaticanos se tomó la decisión de revelar el lugar donde Mons. Milingo se encontraba.

Un verano al rojo vivo

Comienzos de 2001. Uno de los personajes más llamativos y también más discutidos de la Iglesia católica, monseñor Emmanuel Milingo, ex arzobispo de Lusaka, Zambia, ex delegado especial de Pontificio Consejo para la pastoral de migraciones, conocido sanador y exorcista, desaparece de circulación. Se viene a saber que viaja con frecuencia a los Estados Unidos, donde frecuenta la FFWPU (*Family federation for world peace and unification*), nueva sigla de la más conocida, y ya disuelta, "Iglesia de la Unificación" del Rev. Moon, una organización explícitamente interreligiosa. En Roma, tanto en el Vaticano como en los ambientes más vinculados directamente a su persona, sus ausencias cada vez más prolongadas suscitan cierta alarma, por más que nadie imagine que el obispo, famoso por las curaciones y la lucha contra el satanismo, pueda abandonar la Iglesia católica por una de las organizaciones religiosas más discutidas del mundo y considerada, por muchos, como una secta.

Primeros días de mayo de 2001. Algunas cartas del arzobispo a amigos y conocidos encienden la alarma en los ambientes romanos. En estas misivas se comienzan a advertir expresiones de admiración por los escritos y el pensamiento del Rev. Sun Myung Moon. Se comienza incluso a levantar alguna sospecha sobre una suerte de

9

"catequesis" a la cual se encontraría sometido el obispo de Zambia; adoctrinamiento que prevé, como conclusión necesaria, el matrimonio según los ritos de la "galaxia Moon". Este es, en efecto, el acto que marca la entrada de un adepto a su "iglesia". En Roma, en Zambia, en todas partes donde monseñor Milingo ha dejado huellas de su intensa actividad de caridad, de predicación y de curación, comienza a haber preocupación. No sólo se movilizan algunos eclesiásticos, lo cual sería obvio, sino que también –y a título absolutamente personal– comienzan a moverse numerosos discípulos, benefactores y amigos con el objetivo de hacerlo recapacitar. Alguno llega a hablar de demencia senil.

27 de mayo de 2001. A pesar de los numerosos esfuerzos y de las continuas solicitaciones, Mons. Milingo se une en matrimonio con una médica coreana, acupunturista, María Sung Ryen Soon, elegida directamente por el Rev. Moon para ser la esposa del prestigioso exponente de la jerarquía católica. Los "esposos" se conocen sólo cinco días antes de la ceremonia. Las bodas son "celebradas" según el rito unificacionista junto a las de otras sesenta parejas, en el hotel Hilton de Nueva York, oficiadas por el mismo Rev. Moon. El Vaticano declara haberse enterado "con gran dolor" del acto del arzobispo Milingo. Al mismo tiempo se hace notar que tales nupcias no tienen valor legal en los Estados Unidos, como tampoco en Italia, ni en ninguna otra parte, y mucho menos pueden ser consideradas válidas por la Iglesia Católica. Milingo repite continuamente: "Amo a mi Iglesia".

28 de mayo de 2001. Joaquín Navarro Vals, director de la sala de prensa del Vaticano, afirma que con su matrimonio Mons. Milingo se "ha puesto, de hecho, fuera

de la Iglesia", e invita a los fieles "a sacar las debidas consecuencias de su comportamiento y de sus acciones, que constituyen el presupuesto para las previstas sanciones canónicas".

Ese mismo día se le entrega a los medios una larga declaración de Mons. Emmanuel Milingo, redactada en Nueva York el día antes de su matrimonio. Se trata de una carta de denuncia y de justificación del acto realizado: "A la edad de 71 años –escribe–, después de una vida de devoción a la Iglesia y a mis votos sacerdotales, el Señor me ha llamado a dar un paso que cambiará mi vida para siempre, que me convertirá en un instrumento de su gracia y una bendición para el Africa y para el mundo; pero sé que este paso cambiará también mis relaciones con la Iglesia católica romana. Lo doy sólo en obediencia al Señor (...). El domingo 27 de mayo de 2001 será bendecido mi matrimonio con María Sung".

A continuación Mons. Milingo exalta el valor el matrimonio: "A fines del segundo milenio del cristianismo muchos en la Iglesia han comprendido que el sacrificio del celibato ha cumplido con su cometido. Ahora entramos en el tiempo en el cual todo hombre y toda mujer están llamados a responder al proyecto original de reflejar la imagen de Dios". Por consiguiente ha llegado también a su fin la era del celibato sacerdotal, que para muchos sacerdotes se ha convertido en "una cáscara vacía, un modelo inalcanzable". Y agrega: "Ruego poder abrir el camino a muchos otros, para que sepan apartarse de Satanás, purificarse en el espíritu y en el cuerpo, y contribuir a limpiar y a renovar la Iglesia".

Sigue una acusación violenta contra la jerarquía eclesiástica: "Mi esfuerzo por cumplir la misión que Dios me ha confiado siempre se ha visto frustrado, bloqueado y hasta saboteado por algunos de los que estaban investidos de autoridad eclesiástica. Se me ha acusado en todas las formas de delitos terrenales y espirituales, se me ha convocado a Roma, denunciado, interrogado, examinado y aislado. Se han difundido sobre mi persona voces calumniosas (...). A pesar de que se me haya prohibido celebrar la misa en cualquier iglesia de la ciudad de Roma, no he podido abandonar el llamado a predicar el Evangelio, curar enfermos y echar espíritus inmundos. Lamentablemente me he convertido en un desafío para la Iglesia que amo, y la Iglesia que amo se ha convertido en un obstáculo que me aleja de la misión que Dios me ha confiado".

Finalmente Mons. Milingo exalta la obra del Rev. Moon: "Sin duda habrá quien pueda pensar que yo he estado indebidamente influenciado por otros a emprender este camino (...). Les aseguro que mis decisiones son sólo mías (...). Puedo afirmar desde el fondo del corazón que el Rev. Sun Myung Moon es un hombre de Dios". Y agrega: "No me uno a la Iglesia del Rev. Moon, dado que su tarea no se dirige a ninguna Iglesia, nación o raza. Ella tiende a la destrucción de las barreras entre todas las razas, naciones y credos, y a realizar el reino de los Cielos sobre la tierra".

29 de mayo de 2001. La conferencia episcopal de Zambia publica una declaración: "Nosotros, obispos católicos de Zambia, estamos profundamente entristecidos y doloridos por la defección del arzobispo Milingo, por haber intentado irregularmente el matrimonio en la secta del Rev. Moon (...). Con esto el arzobispo emérito se ha colocado fuera de la Iglesia católica (...). La defección del arzobispo emérito no tiene, sin embargo, que asombrarnos. Incluso entre los apóstoles hubo uno que pecó (...). Invitamos a todos los cristianos a seguir rezando, con la esperanza de que decida arrepentirse y volver a la Iglesia".

10 de junio de 2001. La organización del Rev. Moon da a conocer públicamente el texto de la carta que Mons. Milingo habría enviado al Papa. En ella el prelado se lamenta de "haber sido criticado, escandalizado, investigado, exiliado y tratado de extranjero y de loco" en su misma Iglesia. "Es irónico que después de años en los que se ha tratado de marginarme y ocultarme, a fin de volverme inútil para la Iglesia, me haya convertido en motivo de tan gran preocupación". Sostiene que su decisión de casarse no se debe a la concupiscencia –"a la edad de 71 años el estímulo sexual se encuentra a niveles mínimos"–, sino que fue tomada "frente a Dios y a la humanidad". Afirma a continuación que nunca quiso negar o renegar de la comunión con la Iglesia católica, basándose también en el hecho de que el Rev. Moon no le pide a sus adeptos que abandonen las respectivas Iglesias, dado que su organización tendría por objeto constituir una síntesis de todas ellas, una "Iglesia por encima de las demás", vehículo de unificación de todas las religiones. Mons. Milingo plantea luego dos pedidos: ser liberado del vínculo del celibato –"mi voto de celibato todavía está intacto, y seguirá estándolo mientras observo los 40 días de purificación y de ofrecimiento antes de la consumación del matrimonio"–, de manera que su vínculo pueda ser ratificado por el cardenal de Nueva York, Egann, o por el representante del Vaticano ante las Naciones Unidas; y que se le conceda asumir el liderazgo de los ex sacerdotes y de los ex obispos casados, para injertarlos nuevamente en la Iglesia.

16 de julio de 2001. Llega la respuesta del Vaticano. Se publica una "notificación" de la Congregación para la doctrina de la fe (firmada por el Card. Ratzinger y por Mons. Bertone) en la que, en conocimiento "de los públi-

cos y graves comportamientos y declaraciones, con los cuales dicho prelado (Mons. Milingo) atentó contra la "unión matrimonial" con la señora coreana María Sung; adhirió a la secta del Rev. Son Myung Moon (...) y faltó a la comunión con el sucesor de Pedro y el colegio de los obispos", y costantando "la imposibilidad de comunicarse con el arzobispo Milingo, a fin de invitarlo a reflexionar sobre las graves consecuencias de su conducta y de sus acciones, y a reparar el escándalo y a recapacitar", se lo intima a cumplir tres condiciones: separarse de María Sung, abandonar la familia del Rev. Moon y "declarar públicamente su fidelidad a la doctrina y a la praxis eclesiástica del celibato y manifestar su obediencia al Sumo Pontífice con un gesto claro e inequívoco". Si tal amonestación pública no fuese cumplida por Mons. Milingo, el 20 de agosto se lo excomulgaría.

25 de julio de 2001. A través de Internet y de las agencias de noticias se difunde una presunta carta de Mons. Milingo a algunos amigos, en la que el arzobispo africano sostiene que ha iniciado "un viaje inesperado, a lo largo de un sendero todavía desconocido". Después de haber rememorado su historia, primero africana y luego romana, confirma la noticia de que el Vaticano le ha comunicado el *ultimátum* del 20 de agosto. La carta termina con una fuerte invitación a sus amigos, benefactores y discípulos, a fin de que eviten "llorar y gritar por mí y por mi futuro, porque yo estoy plenamente en la gracia de Dios, bajo su bendición y su guía".

5 de agosto de 2001. Cuando ya parece que la ruptura se ha de verificar, de pronto sucede lo impensable. Algunos amigos del arzobispo –en primer lugar Alba Vitale, pintora, conocida artísticamente como Vitalba, y

el Dr. Mauricio Bisantis, promotor cultural calabrés– lo convencen de que vuelva a Italia, con la promesa (por otra parte nunca verificada) de un encuentro con el Santo Padre en Castelgandolfo, donde éste se encuentra por el período veraniego.

6 de agosto de 2001. Apenas la delegación –que, además de Mons. Milingo y María Sung, estaba compuesta también por el Rev. Oliver de la FFWPU del Rev. Moon y un custodio– llega a Malpensa (Milán, Italia), sus amigos, aprovechando de la confusión del retiro de equipajes, logran separar al prelado de María Sung y de sus dos acompañantes y se encaminan a toda velocidad hacia lo alto del aeropuerto milanés, el de Linate, donde, después de una extenuante espera, logran embarcarse en un vuelo dirigido a Fiumicino. Una vez en tierra, se dirigen inmediatamente en taxi a Castelgandolfo, adonde llegan a eso de las 20. La insólita delegación llama al portón, pidiendo que Mons. Milingo pueda verse inmediatamente con el Papa en persona. Después de algunas tergiversaciones del ceremonial, tomado por sorpresa, el arzobispo de Zambia es introducido a un coloquio personal con el secretario privado, Mons. Stanislaw Dziwisz.

7 de agosto de 2001. Mons. Milingo se encuentra con Mons. Tarcisio Bertone, secretario de la Congregación para la Doctrina de la Fe, el ex Santo Oficio. La cita es en el hotel Hilton, de Roma, pero el ex arzobispo de Zambia no se presenta. El encuentro tiene lugar más tarde en el Palacio apostólico de Castelgandolfo y por el término de una hora. Concluido este primer contacto cara a cara, Mons. Milingo es introducido en el estudio papal. Un coloquio breve pero intenso, que resultará decisivo, en el cual el Santo Padre le pide al arzobispo que vuelva a la

Iglesia católica, sin formular otros pedidos. Luego lo vuelve a confiar a las manos de Mons. Bertone.

8 de agosto de 2001. Los amigos de Mons. Milingo organizan una concurridísima conferencia de prensa en un hotel romano, para declarar que su benefactor (que no habría querido prestarse a esa puesta en escena) había sido obligado por la fuerza y con medicación específica a permanecer en Norteamérica junto a los *moonies*. Por su parte Mons. Milingo, si bien con palabras confusas, repite que ya "no está solo", y que habría debido tener en cuenta a su mujer. Después es acompañado nuevamente por sus amigos a un lugar secreto.

9 de agosto de 2001. Los amigos romanos de Mons. Milingo, considerando que su "misión" ha llegado a término, lo acompañan a ver a Mons. Bertone, quien se ocupa de encontrarle un lugar adecuado, fuera del alcance de la cacería periodística de prensa y televisión. En los diarios aparecen las versiones más inverosímiles sobre su destino: se habla de la ermita de San Bruno, en Calabria, del convento de Vallombrosa, de la Cartuja de Florencia, de la Abadía de Montecassino, de una casaquinta en Asís, de un monasterio en la provincia de Padua, de Turín, de Suiza... Pero nadie logra saber dónde se encuentra realmente. Contemporáneamente María Sung y el Rev. Philip Shanker (portavoz de la FFWPU, que mientras tanto ha llegado a Italia) aterrizan a su vez en Roma, donde esperan organizar un encuentro entre los dos esposos, para "recuperar" al arzobispo. Sin embargo el intento fracasa debido a las condiciones que ambas partes plantean para la realización del encuentro. El representante de la FFWPU entrega a la prensa un comunicado donde sostiene que el Rev. Moon personalmente había visto con

buenos ojos el prometido encuentro con el Santo Padre. Niega que Mons. Milingo haya sido mantenido en los Estados Unidos por la fuerza y dice que eleva oraciones para que el arzobispo logre reconciliarse con su Iglesia, continuando sin embargo la convivencia con su mujer.

11 de agosto de 2001. Milingo no vuelve a aparecer en público y los medios presionan para obtener noticias. María Sung hace conocer una carta escrita al arzobispo. Acusa a la señora Alba Vitali de haberla traicionado, separándola con engaño del marido. En los diarios aparece la noticia de que Mons. Milingo le habría comunicado por teléfono no sentirse libre, y que estaría combatiendo una "dura batalla", sin mayores precisiones. En realidad el mismo portavoz de los *moonies* desmiente la información. María Sung pide con firmeza encontrarse con su marido para comprender si él tiene realmente del propósito de abandonarla.

Ese mismo día Mons. Milingo escribe una carta al Papa. Entre otras cosas, en la misma se lee: "Vuelvo a empeñar mi vida en la Iglesia católica de todo corazón, renuncio a la convivencia con María Sung y a mis vínculos con el Sr. Moon y la Federación de las familias por la paz mundial". La carta se hace pública el 15 de agosto.

12 de agosto de 2001. María Sung rehúsa encontrarse con los emisarios vaticanos –una señora coreana, un salesiano holandés, dos acompañantes– que querían entregarle una carta de Mons. Milingo. La mujer comunica que ha iniciado una huelga de hambre que interrumpirá sólo cuando tenga de nuevo consigo a su marido. De lo contrario se dejará morir. María Sung se dirige por primera vez a orar en la Plaza San Pedro, a las seis de la mañana, cosa que repetirá varias veces en los días siguien-

tes. Lo hará siempre seguida por una escolta de fotógrafos y operadores y protegida por los custodios del Rev. Moon y por su emisario, el Rev. Shanker que, vaya coincidencia, también está casado con una coreana. Las conferencias de prensa de Sung y de Shanker se multiplican. En una de ellas la médica se dirige entre sollozos a Mons. Milingo: "No puedo creer que sepas que estoy haciendo un ayuno –dice– y que no logres correr a mi encuentro. ¿Recuerdas cómo me llamabas siempre mi pequeña y que yo te contestaba diciendo que allí donde habrías ido tú siempre habría estado yo, a tu lado, contigo?".

13 de agosto de 2001. La doctora María Sung lanza el enésimo pedido a los periodistas: "Si tienen algo de respeto por los derechos humanos de mi marido y míos, por favor ayúdenme a encontrarlo".

17 de agosto de 2001. María Sung no se resigna, ni siquiera después de haberse enterado de la carta de Mons. Milingo al Papa. Da a conocer un comunicado de prensa en el cual dice pedir disculpas al pueblo italiano por las molestias causadas, y reitera el pedido de encontrarse con su marido. "No tengo otra cosa que decir", escribe. De allí en más decide llamarse a silencio.

22 de agosto 2001. Mons. Milingo envía una carta pública al Rev. Philip Shanker. Entre otras cosas le escribe: "Estoy haciendo mi retiro de treinta días hasta comienzos del mes de septiembre. No veo a María Sung desde el 6 de agosto. El Santo Padre Juan Pablo II me ha pedido que vuelva a la Iglesia católica. Además, mi responsabilidad de sostener mis tres congregaciones pesa sobre mi conciencia. No quiero escapar a mi deber y responsabilidad para con ellos".

24 de agosto de 2001. Mons. Milingo vuelve a aparecer en televisión, en el noticiero Tg1, de la RAI. Lee una carta dirigida a María Sung, carta que ha sido imposible entregarle. En la misma el ex arzobispo de Lusaka le escribe que a esa altura de los acontecimientos la considera sólo como una hermana.

25 de agosto de 2001. Mientras se busca el modo de organizar un encuentro con María Sung, Mons. Milingo hace llegar una segunda carta al Papa. Entre otras cosas, se lee: "Quiero moverme junto a usted, Santo Padre, con mis hermanos obispos, con toda la Iglesia católica. Lamento mucho haberle causado un gran dolor, por el escándalo que di a toda la Iglesia católica, sin olvidar mis tres comunidades religiosas".

29 de agosto de 2001. Finalmente se produce el encuentro tan esperado entre Mons. Milingo y María Sung, en el hotel Arcangelo, en las cercanías de San Pedro, en Roma. El lugar debía permanecer secreto, pero al concluir el coloquio, que duró más de dos horas, una multitud de reporteros y fotógrafos se agolpaba frente al hotel. María Sung interrumpe, en esta circunstancia, la huelga de hambre, cenando con Mons. Milingo. Sin pronunciar palabras de condena para nadie, el arzobispo comunica a la doctora coreana, en presencia de dos traductoras y de otras personas, que no desea continuar la convivencia iniciada con ella el 27 de mayo de 2001. La emoción es grande. Todo concluye con la separación definitiva.

30 de agosto de 2001. María Sung convoca la enésima conferencia de prensa en la que, entre otras cosas, afirma que Mons. Milingo sufre más que ella y que "un

día estaremos juntos en el más allá. Seguiremos siendo marido y mujer espiritualmente".

2 de septiembre de 2001. Mons. Milingo se encuentra en Castelgandolfo con los responsables de sus congregaciones. Queda establecido que Mons. Bertone tendrá bajo su cuidado todas las congregaciones y organizaciones vinculadas al ex arzobispo de Lusaka.

19 de abril de 2002. El largo retiro de Mons. Milingo concluye en Pentecostés, el 19 de mayo. Mientras tanto se pierden completamente sus rastros. Algunos artículos o noticias de agencia cada tanto creen dar con él en algún lugar de retiro espiritual en alguna parte del mundo, de Australia a Canadá, de Canadá a Sudáfrica. Hasta que el 19 de abril un despacho de la agencia Ansa declara que Mons. Milingo se encontraría en una casa de descanso del Movimiento de los focolares, en Mar del Plata, Argentina. El cardenal Re sostendría –según el comunicado– que el retiro habría dado sus frutos. Nuevamente se anuncia la presencia de María Sung en Roma: pareciera que quiere ver a cualquier costo a Mons. Milingo y que está por publicar un libro. Los seguidores del Rev. Moon difunden un comunicado en el que afirman que "la señora actúa a título personal, aunque sea un miembro de la Iglesia de la unificación".

Julio de 2002. Mons. Milingo concede la primera entrevista después de los hechos de agosto de 2001, en O'Higgins, a tres horas de Buenos Aires (Argentina). Escribirá la agencia Ansa, el 24 de agosto de 2002: "El escenario en el que Milingo está transcurriendo su buen retiro argentino, aparentemente desde finales de octubre pasado, está formado por casas bifamiliares, hosterías, un teatro e instalaciones deportivas, en medio de la bucólica tranquilidad que ofrecen una serie de verdes parques. Un ambiente ideal para permitir al obispo africano concluir sus memorias antes de volver a Italia en octubre".

Crónica de un reencuentro

"¿Dónde está Milingo? ¿Por qué desapareció de circulación?. ¿Es un 'prisionero' del Vaticano para purgar sus pecados? ¿O se escapó por miedo a los *moonies*?". Mientras sobrevolaba el Atlántico de regreso de Argentina me volvían a la mente estas preguntas que, como muchos otros periodistas italianos y extranjeros, me había hecho. Y volví a pensar en la suerte que había tenido cuando un amigo de la edición local de la misma revista en la que trabajo, Ciudad Nueva, me había confiado que él había visto a Milingo: estaba en un centro de los Focolares en la pampa.

Para explicar cómo se logró esta primicia exclusiva bastan pocas palabras. Le solicité a Mons. Bertone –Secretario de la congregación para la doctrina de la fe, y a cargo del dossier Milingo desde el comienzo del caso– qué posibilidad había de entrevistarlo tanto para la televisión como para la prensa escrita. Pensaba que, después de tantas especulaciones, hipótesis y falsedades como habían circulado, habría sido justo que se le ofreciera al arzobispo, que antes de su regreso a una vida más "normal", la posibilidad de expresarse directamente con su verdad, lejos ya del ruido de los medios y de las emociones agitadas del mes de agosto. Después de algunos llamados telefónicos y entrevistas en el Vaticano, además de los contactos con el directo interesado en Argentina obtuve el consentimiento. Fue así como Mons. Milingo se encontró valiéndose precisamente de los medios que tanto lo habían "perseguido" (son sus palabras) para declarar su "adhesión a la Iglesia" y su "amor a Dios y a la humanidad" (afirmaciones suyas también éstas).

Obtenido el acuerdo de Mons. Bertone, con la debida y comprensible reserva tomé contacto con un amigo, Marco Aleotti, director del conocido programa de la RAI *"Porta a porta"*, y un experto documentalista de Bolonia, Andrea Fantozzi: dos personas de absoluta confianza y capaces de mantenerlo en secreto. En apenas dos días organizamos el viaje. Optamos por un equipo liviano, que no llamara la atención ni debiera pasar por control de aduana, dado el muy escaso tiempo con que contábamos. El momento de la partida llegó antes de que nos diéramos cuenta. A la llegada nos esperaba un coche con el que nos dirigimos velozmente a una localidad bonaerense a tres horas de la Capital, un pueblo llamado O'Higgins, en medio de la pampa. Con mucha discreción, y sin hacer notar nuestra presencia, nos hospedaron en reserva. Por esas horas una periodista argentina visitaba el centro buscando a alguien... El arzobispo se encontraba en O'Higgins al momento de la entrevista y donde probablemente permanecería hasta la publicación del libro. Su partida para Italia es cuestión de semanas. El arzobispo no tiene la mínima intención de conceder otras entrevistas, por los menos durante algunos meses, hasta el completo retorno a la normalidad.

He escrito "retorno a la normalidad", si bien debo afirmar que en su retiro –un pequeño centro de acogida del Movimiento de los focolares, llamado "Mariápolis Andrea"– lo encontramos en un estado que ya se puede definir "normal". Se nos presentó sonriente y cordial, y por momentos jovial. Sabía de nuestra llegada, que había aceptado sin tener que pensarlo demasiado. Nos recibió en la penumbra de una cálida salita de estar revestida en madera, invitándonos a acomodarnos en los sillones delante del diván donde se encontraba sentado. Pasamos una hora juntos, para conocernos e ir rompiendo poco a poco el hielo, saltando de un tema a otro, de Italia a los acontecimientos internacionales, como para atenuar la tensión que todavía se adivinaba en el aire. Luego, todavía con los micrófonos apagados, quiso confiarnos su estado de ánimo, una cierta reticencia a hablar de cosas que todavía estaban en carne viva en su memoria; pero al mismo tiempo nos hizo presente su disponibilidad para "hacer salir a flote la verdad". En su corazón, nos volvió a repetir "no hay otra cosa que amor a Dios". Para él, ésta era la premisa necesaria.

Yo nunca lo había visto personalmente. La imagen que me había formado respondía a la de las pantallas televisivas y las fotos de diarios y revistas. Al principio me pareció más frágil de lo que me había imaginado, incluso más menudo; un hombre, sin embargo, de rasgos bien definidos; la calvicie incipiente, blancos los escasos cabellos rizados, la piel surcada de arrugas por el cansancio evidente de una vida que, definir movida, sería un eufemismo. Sin anillo ni cruz episcopal, vestía camisa a cuadros y pantalones oscuros. En la penumbra, sin embargo, sus ojos –blanco sobre negro– tenían un brillo especial, casi diría un magnetismo especial, inmediata evidencia de una gran fuerza de espíritu. No por nada –me dije– tanta gente, multitudes, lo han seguido, buscado y hasta invocado para que los confortara en la salud del alma y del cuerpo. Mons. Milingo no me miraba a los ojos –sí lo haría más tarde, cuando entráramos más en confianza– más que lo necesario para confirmarnos su asentimiento y disponibilidad "a lo que Dios quiera".

Para no comenzar de inmediato con el bombardeo de preguntas que me interesaba hacerle, y establecer esa suerte de discreto respeto que a veces se vuelve sorprendente complicidad –respeto que de cualquier manera considero necesario para ejercer un periodismo responsable–, decidimos efectuar de antemano algunas tomas de apoyo. Entonces sí el arzobispo se vistió con el clergyman –camisa blanca y elegante traje gris–, anillo y cruz pectoral que sacó de su envoltorio de celofán después de varios meses, colocándose bajo el brazo una carpeta de cartón beige. Por curiosidad le preguntamos qué contenía: "Compongo música", nos contestó. Después caminó por la calle que pasa delante de su modesta casa, justamente en dirección al poniente. Un paso sorprendentemente sostenido, tanto que a Marco Aleotti y Andrea Fantozzi les costó seguirlo, mientras ponían a foco al personaje y encendían los micrófonos...

Mons. Milingo, casi sin que nos diéramos cuenta, nos fue llevando a la meta de sus paseos matutinos: una plácida laguna que se extiende a algunos centenares de metros de su alojamiento, atravesando una calle de tierra. Una vez allí fue como si se transformase, iluminado por el sol del ocaso. Abriendo su carpeta comenzó a entonar algunas de sus composiciones. Gracias al telemicrófono prendido de su solapa, pudimos escucharlas en nuestros auriculares: melodías fascinantes, aunque extrañas para nosotros, que nos transportaban a los parajes incontaminados de su país, a lugares sin espacio y sin tiempo cargadas de nostalgia y de ferviente religiosidad. Todas las composi-

25

ciones musicales de Mons. Milingo –escritas utilizando una escala tonal y una grafía absolutamente originales, que más tarde trataría de explicarnos con escasos resultados– son oraciones. Se basan en pasajes evangélicos o conocidas formas de oración, como también invocaciones espontáneas a Dios y a la Virgen. Nos parecía asistir a un momento mágico al borde de la laguna: bandadas de pájaros que iban y venían, aguas apenas rizadas por la brisa vespertina, arbustos que dibujaban sombras largas como manos huesudas sobre el manto verde de los prados... Los únicos que no estaban a tono eran los mortíferos mosquitos oriundos del lugar.

Más tarde asistimos a la misa celebrada por Mons. Milingo (no podía celebrar en público), en una pequeña capilla de nueve metros cuadrados, y quizás menos: un crucifijo, una vela, un altar minúsculo, un icono, una estatua de la Virgen, dos bancos. Una atmósfera íntima, celosamente custodiada por el obispo emérito y los sacerdotes que lo acompañan en este período. No advertimos una sola palabra que excediera de lo que estaba escrito en el misal, casi como si Mons. Milingo quisiera sumergirse en las profundidades de las liturgias de la Iglesia entera, sin permitirle otro espacio a la propia imaginación, a su tan conocida creatividad. Tal vez el deseo de dejar de lado lo que podía ser oropel o demasiado personal como para considerarse patrimonio común de la Iglesia. resultaba raro, precisamente en él, acostumbrado a celebrar misas que se prolongaban por horas y horas, con agregados a veces muy personales... En fin, una misa de lo más correcta. Ni siquiera las filmadoras funcionando lograron distraerlo de la meditación.

La cena. Sentados en torno a la mesa, servida modestamente –menú de verduras del lugar, un poco de carne a la milanesa, un vino muy liviano, algún extraño tubérculo de color– parecíamos un grupo de amigos. La conversación pasaba naturalmente de recuerdos de la vida en su aldea en Zambia, a las noticias del conflicto entre judíos y palestinos, a noticias sobre la salud de amigos comunes. Mons. Milingo ocupaba la cabecera. Al lado, su "colega" emérito, Mons. Donnelly, un obispo que vive con él. Por las miradas que intercambiaban cada tanto entre ellos se adivinaba la relación construida en algo más de seis meses de vida juntos. Probablemente no fue casualidad que una de las pocas palabras autobiográficas pronunciadas por el arzobispo esa noche se refiriera precisamente a su "descubrimiento de una vida comunitaria antes desconocida, basada únicamente en el amor recíproco".

Afuera, a pesar de una enorme luna que se recortaba baja en el horizonte, la noche era oscura. Milingo nos despidió acompañándonos hasta el auto y dándonos cita para el día siguiente a las nueve de la mañana: "Seré puntual", nos dijo. Después agregó: "Voy a rezar para que la entrevista resulte bien y puedan irse de vuelta satisfechos del trabajo realizado. Quisiera que verdaderamente se comprendiera que yo estoy bien, contento, que no necesito nada, que Dios está siempre conmigo".

Ante la dificultad de conciliar el sueño, por el cambio de uso horario después de un largo viaje, el famoso *jet lag*, me pasaban por la cabeza las imágenes del monseñor que acababa de conocer, sobreponiéndose a aquellas otras, exageradamente sonrientes, de su casamiento estilo Moon con la doctora María Sung, o aquellas donde se lo veía aterrorizado durante la conferencia de prensa de agosto. ¿Eran imágenes de la misma persona? Ese hombre que había quitado el sueño a muchos buenos católicos del mundo entero, en primer lugar al Papa, ¿era esa misma persona que nos había cantado alabanzas a la Virgen en un clima bucólico? ¿Podía ser que en tan pocos meses la gravedad de lo que había acontecido a su alrededor se hubiera disipado –u olvidado– en la paz de una aldea de campaña? No encontraba respuesta.

Al día siguiente nos despertamos muy temprano, todavía rehenes del uso horario europeo. Me puse a pulir las preguntas que tenía preparadas, tratando de sacar provecho del encuentro de la tarde precedente. Me dije que, con Mons. Milingo, el éxito de una entrevista dependería antes que nada del clima que se lograra crear, de la sintonía que se encontrara. Una custión de *feeling*. Por eso decidí que abordaría con él no sólo las vicisitudes del verano 2001, por un lado para no crearle situaciones molestas que pudieran comprometer su sinceridad y, por otro, porque me parecía que, por honestidad, también tenía que poner en luz al hombre Milingo, su historia, su fe, su temperamento.

Conté las preguntas: eran cien, alguna más alguna menos. Mientras maniobraba en mi computadora no podía dejar de pensar en los colegas que tanto habían rastreado por medio mundo el paradero de Mons. Milingo, y en la primicia que me había caído entre manos a mí, casi sin haberla buscado, sólo por el hecho de haber conocido a las personas justas en el momento justo. Por eso mismo quise, dentro de mis posibilidades, imaginar también las preguntas que mis colegas le habrían querido hacer de haberlo tenido a Mons. Milingo frente a frente en una circunstancia tan afortunada como ésta.

Mientras tanto el director y el camarógrafo habían salido a buscar un set adecuado para la entrevista, un ambiente al reparo de las miradas indiscretas –poquísimas personas estaban al corriente de su presencia en O'Higgins, donde se hacía llamar padre Manuel–, un ambiente recogido, adecuado para la entrevista. Al final se optó por el coro de la capilla del complejo edilicio que lo hospedaba, una austera construcción franciscana. Lo elegimos porque era un lugar luminoso, realzado por tres simples ventanas ojivales que se abrían sobre unos coloridos plátanos otoñales. Pero sobre todo nadie podía entrar, su puerta hasta había sido clavada. Un par de luces, una gelatina, un panel de poliestireno para dar la iluminación justa al rostro del entrevistado, y comenzamos.

Mons. Emmanuel Milingo llegó puntualmente, decidido a "responder a todas las preguntas" y, al mismo tiempo, con un ligero nerviosismo por una presencia inesperada hasta pocas horas antes: la de las telecámaras y las luces. A la espera de comenzar no contó, con lujo de detalles, que había compuesto una nueva pieza musical precisamente esa mañana, caminando a la orilla de la laguna que habíamos visitado por la tarde: una versión africana del Padre nuestro. Nosotros, en cambio, estábamos atrasados a causa de los inevitables inconvenientes técnicos. Fue así como las pruebas de audio y de video, la elección de las ubicaciones del entrevistado y el entrevistador, la búsqueda del encuadre justo fueron disolviendo el clima que hoy me animaría a definir, a distancia de algunas semanas, intenso. "Chac, entrevista a Mons. Milingo, uno". El director Aleotti dio la señal de partida a la entrevista tan esperada. Las telecámaras comenzaron a girar silenciosamente y seguirían sin parar por más de dos horas.

Al finalizar la mañana me di cuenta que había completado las cien preguntas previstas porque, como me había prometido, sus respuestas habían sido breves e incisivas. Nos confesó que, a pesar de todo, se había "sentido a gusto" y que le parecía que no habría necesidad "de agregar muchas palabras al relato de los hechos" para no sepultar la verdad (la suya) bajo tantos razonamientos inútiles. Hubo sólo dos o tres preguntas a las que Mons. Milingo prefirió no contestar.

Nos volvimos a encontrar a las tres de la tarde, con la intención de continuar el coloquio sin preguntas escritas, dejándonos llevar por la conversación y por el buen entendimiento alcanzado. Acerqué entonces la silla a mi interlocutor y dejé los papeles. Más de dos horas de coloquio, más suelto que a la mañana. Al concluir quiso cantar para nosotros un par de sus composiciones: músicas que daban escalofríos –además de la caja de resonancia que hacía la bóveda de la capilla–, por la fuerza comunicativa de las melodías y de sus ojos.

Al terminar la entrevista el sol ya estaba en el ocaso. Quedaba apenas tiempo para filmar alguna otra escena de apoyo: Mons. Milingo en oración frente al tabernáculo, Mons. Milingo que camina por el claustro, Mons. Milingo que lee el breviario bajo las glicinas, Mons. Milingo che recoge algunos frutos de los árboles del huerto, Mons. Milingo que mira el horizonte... Nuevamente imágenes de paz y serenidad, nuevamente el contraste con el Mons. Milingo que nos habíamos acostumbrado a conocer. Luego, la despedida: "Juntos hicimos un muy buen trabajo –nos dijo–, verán que saldrá la mejor entrevista que me hayan hecho".

30

¿Qué tipo de hombre es Mons. Milingo? Era la pregunta que me planteaba antes del encuentro, que me daba vueltas en la cabeza durante el coloquio, y es la pregunta que todavía tengo sin responder. En el curso de la entrevista me parece haber advertido que, en el fondo, es una persona simple como su Africa profunda. Pero esta misma simplicidad, al releer ahora el texto de la entrevista, podría definirla también en algunos momentos como ingenuidad... Sin embargo hay algo más: Milingo no es sólo un hombre simple (o ingenuo). En efecto, a mí me pareció a la par de evidente la habilidad de este hombre, que aunque a veces parecía confesarse, nunca lo hacía completamente, como tratando de llevarnos a su terreno, más que dejarse arrastrar al nuestro. Tal vez, recordando haber hablado demasiado con los periodistas en el pasado, supo permanecer parco y preciso en sus afirmaciones.

Esta aparente contradicción (¿simple o habilidoso?) creo que es el enésimo síntoma de la compleja personalidad de Mons. Milingo. Tanto es así que más tarde opté por otro adjetivo para definirlo: no sólo simple, tampoco sólo hábil, sino también inclasificable. No entra en los esquemas: la libertad es lo que más le interesa, a pesar de su rol en la jerarquía católica y los dones particulares de los que está dotado. Además en él, la cultura africana, tan difícil de interpretar muchas veces para nosotros los europeos, juega un papel notable. El relato de su historia creo que dará prueba de ello.

El agujero negro

Temía el momento en que comenzaríamos a hablar de los hechos del verano 2001. Temía que Mons. Milingo se bloquease frente al recuerdo de esas terribles semanas. Temía además que se me escapara alguna frase demasiado subida de tono, algún término que pudiera hacer aflorar de golpe, después de tantos meses, emociones y tensiones de un período que finalmente parecía haber quedado atrás. Temía finalmente que mi interlocutor volviera a ver en mí al periodista enemigo, un miembro de esa categoría que tanto lo atemorizaba. En ese caso, estaba seguro, habría tenido que cortar la entrevista.

Ya llevábamos más de una hora de conversación y las respuestas se iban sucediendo con soltura a las preguntas. Las únicas interrupciones eran técnicas, por la necesidad de cambiar los cassette de las filmadoras. El silencio de la capilla, más el leve retumbar de las palabras, le confería a nuestra conversación cierto suspenso. ¿Habría roto ese encantamiento?

Debo confesar que Mons. Milingo me sorprendió. Por de pronto porque colaboró, respondiendo con precisión, sin perder nunca la compostura, repitiendo una historia largamente meditada, de la cual todavía tenía presente cada uno de los detalles, por más que seguramente hubiera querido que no existieran.

El arzobispo trató repetidamente de explicar que el único deseo que lo había guiado a lo largo de las tumultuosas y desconcertantes andanzas americanas (vale la pena recordar el prólogo), era el de anunciar el Evangelio. Incluso, paradójicamente, hasta el mismo matrimonio con María Sung. Difícil de creer, por más buena voluntad que se tenga...

Me parece oportuno, a esta altura, agregar una aclaración. El conflicto existente entre Mons. Milingo y una parte de la jerarquía católica, sobre todo italiana, en el origen de la ruptura de comienzos de 2001, se refería al problema de la celebración de las misas públicas, tema sobre el cual nuestro interlocutor volvió en varias ocasiones en el curso de la entrevista, como el lector podrá ver. A decir verdad, nunca se le negó la facultad de celebrar misa. En cambio, como sostienen autorizadas fuentes vaticanas, se le había prohibido "celebrar misa en determinados lugares de culto y para un fin determinado"; en su caso particular, "para exorcismos u oraciones de sanación". Había además un motivo menos doctrinal y más concreto que había impulsado a numerosos obispos y cardenales a poner límites a las celebraciones de Mons. Milingo: el hecho de que organizaba tales liturgias, con sus amigos, en un lugar determinado sin avisar al ordinario del lugar y sin pedir las usuales autorizaciones para una convocatoria de esa naturaleza.

Entre otras cosas cabe notar que en septiembre de 2000, la misma Congregación para la doctrina de la fe había publicado una "Instrucción acerca de las oraciones para obtener de Dios la curación" que contribuía a un esclarecimiento en este importante, pero muchas veces no mencionado, ámbito de la vida cristiana. Estas exigencias expresadas públicamente, entre otros por Mons. Milingo, eran aceptadas y valoradas. Como es de uso en las "instruccio-

nes", el documento concluía con "disposiciones disciplinarias" que algunos interpretaron como dirigidas precisamente contra Mons. Milingo. En la Congregación se niega con firmeza este presunto ensañamiento contra el arzobispo emérito de Lusaka.

De cualquier manera Mons. Milingo aún hoy no quiere condenar a nadie, no quiere acusar a quienquiera hubiera fuera, por un inquebrantable espíritu evangélico, como él sostiene. Sin embargo, detrás de sus respuestas me parece haber percibido algún dejo de temor. ¿De quién? ¿De qué?

Excelencia, afrontemos un período oscuro, una especie de "agujero negro" en su vida, es decir, lo que ha sido definido como "período americano".

Un calvario, puede decirlo con todas las letras, un calvario del cual todavía me cuesta desprenderme. No logro sacármelo de la cabeza.

Le hago estas preguntas del hombre de la calle, que ha quedado desconcertado con sus andanzas con Moon y con María Sung. ¿Podemos aclarar un poco?

Sin duda.

¿Cómo entró en contacto con los seguidores del Rev. Moon?

Fue mi instinto apostólico el que me guió. Sólo por ese motivo acepté sus propuestas. Tenía la esperanza de tender un puente entre la Iglesia católica y la organización de Moon que, a su vez –lo advertí sólo más tarde– buscaba alguna forma de "legitimación" de parte del Vaticano.

34

¿No podía expresar su deseo de anunciar el Evangelio en ambientes menos equívocos?

Aquí es necesario hacer una premisa: durante algunos años había esperado firmemente que mi condición en la Iglesia católica habría mejorado, en los años que van de 1973 al 2000, podríamos decir. Prácticamente se me había prohibido celebrar misas de sanación en toda Italia, o casi. También algunas personalidades eclesiásticas me habían planteado estas prohibiciones. Lamentablemente tuve que constatar que, por el contrario, la situación no hacía más que empeorar: progresivamente me iba aislando, era ridiculizado por muchos, sobre todo dentro de esa Iglesia que tanto amaba, y que tanto amo todavía. Este "asedio" no me dejaba en paz, para nada. Llegué a tal punto de exasperación que me era imperioso encontrar alguna forma de salir de esta situación insoportable que me enloquecía y dañaba incluso mi salud. Tenía que romper el asedio.

Por otra parte advertía en mí, más desbordante que nunca, ese mismo triple impulso que sentía allá por 1973, es decir, de predicar el Evangelio, curar a los enfermos y echar a los demonios. Si en la Iglesia ya no podía predicar por ningún lado, tenía que encontrar una forma de seguir desarrollando mi misión en otra parte.

Y entonces, llegan las propuestas de los moonies.

Sí, llegaron justo cuando mi exasperación estaba al límite. De cualquier manera, no fui yo el que buscó al Rev. Moon, nunca hice eso. No, no fui yo. Fueron sus mismos discípulos quienes, habiéndose enterado del bien que hacía a mucha gente, se dieron cuenta que proponía una experiencia espiritual fuerte, que parecía en consonancia con su forma de concebir la fe. Pensaban que yo podía aportar algo más a su predicación.

¿Quiere decir que usted podía ser para ellos un personaje que habría suscitado consensos también de parte católica?

Pienso que así eran las cosas. Mi fama internacional estaba al máximo, y los seguidores del Rev. Moon probablemente pensaban que, si invitaban a sus reuniones a una personalidad católica conocida como era yo, habrían podido captar muchos nuevos prosélitos para su asociación.

¿Cómo lo atrajeron?

Primero me ofrecieron dos o tres horas para hablar en sus conferencias en gira por el mundo; después, poco a poco, aumentaron el tiempo y las ocasiones de predicación a mi disposición. Cada vez había más gente que me escuchaba, como a comienzos de los años noventa, en Roma, en el Hotel Ergife, sobre la Aurelia. ¡Sentía la falta de esas asambleas colmadas de gente, con esas curaciones en masa, y mucha gente poseída por espíritus malignos que se liberaba! "Si tu Iglesia ya no te acepta más –me dijo explícitamente Sun Myung Moon– nosotros te recibimos". Es así como pensé que había encontrado un nuevo "pueblo" al cual predicar el Evangelio, sin limitaciones ni condicionamientos.

¡No me va a decir que no sabía quiénes eran los seguidores de Moon! Además, ¿no sabía acaso que la Iglesia católica no veía con buenos ojos los contactos con este grupo?

Aunque pueda parecerle extraño, no sabía mucho de ellos. Sí, algo había oído hablar, de que manejaban mucho dinero, de esos casamientos masivos, pero nada más. Una ignorancia grave, lo admito. Con el tiempo yo había participado en un buen número de encuentros internacionales e interconfesionales, muchas veces también interreligiosos. Por todas partes. Me había hecho la idea de que se podía llevar a cualquier parte, de una u otra manera, la buena nueva de Jesús. Esta ha sido una de las reglas que siempre he seguido en mi vida: nada de discriminaciones, todos tienen derecho a conocer el Evangelio.

Tenía una audiencia compuesta de moonies, ¿no es cierto?

Había budistas, musulmanes y también cristianos, muchos católicos. Yo participaba en estos encuentros sin saber a ciencia cierta quiénes eran, lo repito. Pero me parecía que en el alma de quien me escuchaba penetraba el Evangelio.

¿No se le ocurría nunca pensar que, a cambio de esa libertad de predicación, le habrían planteado condicionamientos y que tuvieran segundas intenciones?

Al principio lo hacía por puro espíritu de caridad. Aceptaba las invitaciones, y lo repito aunque parezca absurdo, porque había muchos católicos entre ellos. Yo iba allí sólo para ayudar a quien tenía necesidad de Cristo; usaba la Biblia, no podían prohibírmelo... Pensaba que, gracias a mi predicación, poco a poco muchos habrían podido comprender que existía también otro punto de vista con respecto al que proponían los *moonies*. Escuchaban sólo lo que enseñaba el Rev. Moon, mientras que, gracias a mi presencia, habrían podido comprender que la Iglesia católica era muy otra cosa.

¿Por lo tanto usted confirma que consideraba a la organización de Moon sólo como un espacio privilegiado para evangelizar?

Exacto. Sólo al comienzo, sin embargo. Estaba convencido, y estaba demasiado concentrado en la idea del predicar el Evangelio. Nada más que eso. Me parecía que las cosas funcionaban.

Comprende, sin embargo, que alguien pueda haber quedado perplejo por estas amistades suyas con Moon.

Los comprendo. Por otra parte, era justamente el efecto que quería lograr. Quería provocar un shock: había llegado a tal punto de exasperación, por el aislamiento al que me habían reducido, por las ofensas que dirigían a los miembros de mis congregaciones, que quería volverme a casa, a Zambia. Ya había decidido volver a mi aldea. No quería otras soluciones. Y no tenía a nadie con quien hablar. Muchas veces había solicitado poder ver al Papa, pero mis solicitudes se perdían en las burocracias del ceremonial. ¿Es que, para esta gente, había dejado de ser un cristiano? Me veía reducido a ser un hombre ridículo, al que todos tomaban a la ligera, las mentiras a costo mío se multiplicaban. Tenía la impresión de haberme convertido en un fenómeno de feria. Por eso no veía más que dos posibilidades por delante: seguir aceptando esta ofensa en silencio, o bien retirarme a mi casa. Por más que sabía que habría creado problemas también en Zambia, donde ya desde hacía años no podía predicar. Le habría provocado una gran conmoción a la

Iglesia de mi patria. Por eso estuve dudando un tiempo antes de irme de Roma y volver a Zambia.

En cambio se fue con los moonies.

Sí, se me presentaron en esos meses de indecisión. Por eso vi abrirse allí una tercera solución a mi situación de aislamiento.

Por una parte me dice que quería provocar un escándalo, y por otra que no sabía quiénes eran los moonies...

Las dos cosas son ciertas. Quería romper el cerco y crear un saludable shock en quien no me apreciaba por lo que yo era, y por otra parte no sabía gran cosa sobre quiénes eran los seguidores del Rev. Moon. No es contradictorio. Más tarde me daría cuenta de que había caído en una trampa, y que el shock era más grande de lo que me había imaginado.

¿Es decir?

Después de algunos meses en los que me parecía que lograba predicar el Evangelio de manera libre y positiva, empecé a darme cuenta de que algo no andaba. Me habían sometido a una suerte de "catequesis", casi sin que yo me diera cuenta, en la cual hasta habían llegado a afirmar que Jesús era fruto de un amor adulterino. No podía aceptar ciertas afirmaciones, era demasiado.

Cuénteme algo más de este adoctrinamiento.

Un día reaccioné ante algo absurdo que se decía sobre la divinidad de Cristo. Me levanté y protesté con firmeza. Pero el predicador me dijo de manera bastante brusca que me sentara: que por el buen éxito de la "cate-quesis" había que permanecer en silencio hasta el final a cualquier costo, hasta que terminara el programa. Sólo después de cuarenta días habría podido expresar mis dudas y formular preguntas. Me pareció un modo extraño de tratar a gente madura, y menos que menos a un obispo católico. Pero no hubo nada que hacer, tuve que callarme, y fui obligado a seguir ese adoctrinamiento cada vez más extraño. Sentía que, incluso psicológica-mente, comenzaba a ceder.

¿Y por qué se quedó entonces con los moonies?

No lo sé, no sé explicármelo todavía. Y aquí está el problema. Entré como en un túnel sin final que me llevó a realizar acciones y a tomar decisiones de las que no era plenamente consciente. No sé cómo, no sé por qué. No quiero acusar a nadie, no quiero decir que fui drogado o hipnotizado. Lo que puedo decir es que ese período fue un verdadero calvario para mí, lo digo y lo repito.

Después de algunos meses de frecuentar a los moo-nies, ¿cómo maduró en usted la decisión, de contraer matrimonio según los ritos de ese grupo?

A cierta altura de su "catequesis" me plantearon una condición para darme un puesto oficial de predicador, si bien sólo para los católicos presentes en la asociación: tenía que casarme según su rito. Es decir, tenía que unir-me en matrimonio con una mujer que habría sido elegida para mí directamente por el Rev. Moon, o algún otro colaborador suyo. En mi caso –porque siempre se me consideraba una autoridad a respetar– la elección la hizo directamente el jefe de la organización. Acepté porque, en mi necedad, me parecía que así podía hacer el bien.

¿No se daba cuenta que, de esta manera, usted se colocaba fuera de la Iglesia?

En las cartas que le escribí a mis amigos durante ese período yo seguía afirmando que amaba a la Iglesia católica por encima de cualquier otra cosa en el mundo. Por eso todavía no logro darme cuenta de cómo tomé esa decisión: no me percaté de que habría sido imposible realizar este acto, necesario para entrar plenamente en su mundo. Pensaba, con grandísima ingenuidad y quizás algo más, repito, que aún casado habría podido seguir como miembro de la jerarquía de la Iglesia católica. Y ellos pensaban que de esta manera habría podido hacer de enlace, una especie de puente con ella, que se habría visto obligada a reconocerlos. En esto me equivoqué en forma garrafal; y ellos no evaluaron que estaban cometiendo un error gravísimo, contraproducente incluso para ellos.

Excelencia, insisto: lo que se piensa es justamente que lo drogaron, o que lo hipnotizaron...

No, no puedo decir algo así; aunque tampoco puedo excluirlo con total certeza. Yo más bien pienso que fui convencido por su prédica y, de alguna manera, obnubilado por los honores que se me ofrecían, por los elogios de la gente que me escuchaba. Tal vez me manipularon psicológicamente. En todo caso puedo decir que yo estaba acostumbrado a estar en lo alto, en la gloria que no tiene origen en mi. Entonces, justamente, esa gloria me tenía que ser quitada.

Se dice que, para los que salen de los moonies se requiere un período de "reeducación" de seis meses por lo menos. ¿Está al corriente de eso?

No. Pero no pienso que mi caso sea muy distinto. Sólo ahora puedo decir de estar "curado".

En la red de Moon

Pascua 1936. Sun Myung Moon ha cumplido 16 años. Aunque tan joven todavía, ya cuenta a sus espaldas con varias experiencias hechas en distintas corrientes religiosas. Tiene una visión: el propio Cristo le pide que complete su misión, interrumpida por el hecho lamentable e imprevisto de la crucifixión. Cristo no habría sido Dios, sino un hombre (fruto, además, de una relación adulterina), que habría tenido finalmente que casarse para realizar su cometido mesiánico, proyecto que quedó trunco debido al proceso y la muerte por crucifixión en Jerusalén. ¿Cuál era su misión? El mundo —según Moon— habría sido arrastrado al pecado por una pareja, Adán y Eva; por consiguiente, sólo otra pareja habría estado en condiciones de purificarlo. ¿Qué pareja? Después de una prudencia inicial, ahora los propios documentos de la FFWPU (que tomó el lugar de la Iglesia de la unificación) dicen que son justamente el mismo Moon (que mientras tanto se recibió de ingeniero) y su esposa, la cuarta de la serie. Sus bodas, celebradas en 1960, son descriptas por sus seguidores como las Bodas del cordero preanunciadas en el Apocalipsis. Las bodas de la purificación. Por lo tanto la misión de Moon es la de seleccionar varones y mujeres para casar (o volver a casar), con el objeto de invadir el mundo de parejas misioneras dispuestas a todo, dispuestas a combatir a Satanás, identificado con el comunismo que se ha ramificado en el mundo entero, y realizar la reunificación de las dos Coreas, considerada la nueva Tierra prometida.

Es así como, desde 1992, el Rev. Moon declara públicamente que "tiene un rol mesiánico", que ha llegado para cumplir la misión iniciada por Jesucristo. Es más, el rol mesiánico sería la prerrogativa de la pareja de los "verdaderos padres" (Moon y la esposa Hak Ya Han), familia que conduce a la salvación, rescatando a la humanidad del pecado cometido por Adán y Eva, con todas las consecuencias de división y de inmoralidad. El nuevo Mesías vino para establecer el Reino de los Cielos en la Tierra.

En 1993, el Rev. Moon puso en marcha una cruzada internacional para proclamar el comienzo de la "Era del testamento cumplido", en el cual se destruirán todas las barreras entre razas, naciones y creencias religiosas, y se realizará el proyecto de Dios sobre la humanidad, es decir, un mundo de paz, felicidad y amor. El mes de enero de 2001 marca, según el Rev. Moon, el alba de esta nueva era. Todo esto se desprende de la lectura de algunas páginas del sitio www.unification.org, en particular de la dirección /rev_mrs_moon.html.

Como dice La Civiltá Catolica, la doctrina del Rev. Moon se presenta como "radicalmente no cristiana, porque niega todas las verdades esenciales del cristianismo: la Santísima Trinidad y la divinidad de Jesucristo, antes que nada... La muerte de Jesús habría sido "un terrible error de los hombres"... Es claro, entonces, que la adhesión consciente y libre a la Iglesia de la unificación de Moon implica el abandono de la fe cristiana, y de igual manera la apostasía de la fe y de la Iglesia".

El grupo religioso, definido muchas veces por la prensa como "secta", recluta también jóvenes católicos, pero no sólo entre ellos; los adeptos son preparados a la misión con una enseñanza rígida y un adoctrinamiento intenso, gracias

44

a "padres adoptivos" que están siempre presentes, o casi, en su vida. Tal enseñanza está basada en "principios divinos" "recibidos" por el Rev. Moon, y todavía sólo parcialmente revelados, que tienden a crear la única religión verdaderamente divina, a partir de las cuatro principales religiones. Esta es la Iglesia de la unificación y la FFWPU (información tomada de la prestigiosa enciclopedia Théo publicada en Francia, en la página 1134).

El adoctrinamiento de los adultos se realiza, en cambio, en períodos de retiro más o menos largos, verdaderos períodos de aislamiento durante los cuales está prohibido pedir aclaraciones sobre aspectos dudosos, y concluyen invariablemente con los matrimonios organizados por el Rev. Moon.

Conviene observar que no sólo los jóvenes solteros, sino que también las parejas ya formadas son invitadas a participar de solemnes ceremonias de bendición en las cuales renuevan sus propios compromisos conyugales. En los Estados Unidos, en particular, se apunta también a los ministros de distintas iglesias y a líderes islámicos, a los cuales se les propone un ideal de unidad interracial e interreligiosa. La propaganda, a cargo de la American Clergy Leadership Conference, encuentra notable eco, en particular entre los afroamericanos.

Para alcanzar los objetivos de unificación de las religiones y del mundo bajo el signo del principio divino, Moon tiene necesidad de recursos, muchos recursos. Este es uno de los aspectos más discutidos de los moonies. Como todas las grandes organizaciones complejas la FFWPU tiene necesidad de fondos que recauda gracias a calculadas inversiones en numerosas multinacionales. Inversiones que han tenido y tienen como punto de partida, como "base consistente", las "donaciones" hechas por los miembros del grupo religioso. Para alcanzar sus fines, por otra parte evidentes, *los* moonies *han constituido en el mundo una serie de asociaciones y sociedades.*

En los últimos decenios Sun Myung Moon ha sabido valerse de fuertes apoyos políticos como dan testimonio las entrevistas de notables hombres políticos de distintos países en los congresos de la FFWPU. Actualmente es fuerte su proselitismo en China, Rusia, América central y meridional.

Son numerosos los testimonios de gente que ha salido de la secta denunciando abusos y condicionamientos psicológicos y financieros. El último texto publicado en Italia es Hijos de un Dios tirano, *escrito por Chiara Bini y Patrizia Santovecchi (Avverbi edizioni).*

Los datos que transcribo son ya de dominio público y los he tomado de autorizadas fuentes de información, en particular de "La Civiltá Catolica" y "The Observer", además de las que he ido citando en el texto. Además, cualquiera puede acceder a la doctrina del Rev. Moon en los múltiples sitios Internet de la misma FFWPU, tales como www.unification.org, www.serviceforpeace.or, www.wewillstand.org. *En particular resulta instructiva la lectura del documento del 10 de abril de 2001, titulada "God is the Parent of All Humanity", Dios es el padre de toda la humanidad, publicado en la dirección web:* www.unification.org/ucbooks/confusius.html.

Hay que destacar, finalmente, que uno de los últimos objetivos de la organización del Rev. Moon es el de hacerse reconocer por la comunidad civil y religiosa. Nos preguntamos si el caso Milingo no hay que ubicarlo en esa búsqueda de crédito ante la Iglesia católica.

Hay quien piensa que el denominado "operativo Milingo" buscaba el doble objetivo de desacreditar a la Iglesia católica, constriñéndola al mismo tiempo a llegar a compromisos. Quedan muchos interrogantes en ese sentido.

Una última nota insoslayable: la doctrina del Rev. Moon realmente había deslumbrado a Mons. Milingo. Este es un elemento fundamental para comprender lo sucedido en el 2001.

En vísperas del casamiento, el 26 de mayo de 2001, usted dio a conocer un comunicado autógrafo donde escribía: "A los 71 años, después de una vida al servicio de la Iglesia y de mis votos sacerdotales, el Señor me ha llamado a dar un paso que cambiará mi vida y hará de mí un instrumento de su gracia y de su bendición para el Africa y para el mundo". ¿Hoy volvería a escribir lo mismo?

Obviamente no. Escribí aquellas frases bajo la tentación de crear un shock, pero también convencido, lo repito, de la prédica de los *moonies*. Me equivoqué. El Señor no quería de mí un paso semejante. Creía que lo quería, pero me equivoqué. Ahora me doy cuenta.

El 27 de mayo de 2001 usted se encontró casado con una desconocida, la doctora coreana María Sung, una especialista en acupuntura, anteriormente casada (infelizmente) en Italia con un napolitano, en 1995. ¿No le pareció extraño encontrarse del brazo con una desconocida?

Debo aclarar que estaba casado sólo según los *moonies*, no según el estado italiano o norteamericano, y menos que menos según la Iglesia católica. De cualquier manera es verdad que yo, que siempre había querido permanecer fiel al compromiso del celibato suscripto cuando fui ordenado sacerdote, me encontré en la sala del hotel Hilton de Nueva York junto a esa mujer. Sí, me parecía todo tan extraño, como un extraño sueño. Pero, al mismo tiempo no me parecía una acción reprobable, porque para trabajar con ellos –lo repito– la condición era casarse según su rito. De manera que yo, decidido como estaba a seguir siendo de cualquier modo católico, habría seguido predicando el Evangelio, y pensaba –en mi necedad– que el matrimonio fuera sólo un medio para poder luego evangelizar. Confieso que no me di cuenta de la gravedad de la situación.

¿Si sentía confundido?

Tal vez fui objeto de una especie de lavado de cerebro. La decisión del casamiento era ya de febrero –lo escribí en una carta publicada en Internet–, pero en esos tres meses no me di cuenta adónde habrían ido a parar las cosas. Sólo más tarde comprendí que ese era un modo de tenerme bajo un control total: fui ingenuo al creer que con ese matrimonio habría mantenido mi permanencia a la Iglesia católica. Al contrario, la verdad era otra: con ese acto me convertía en uno de ellos.

¿No se le ocurría pensar en todas las personas que se habrían sentido traicionadas por su acción?

En esos momentos sólo pensaba que habría encontrado nuevos discípulos en esa asociación enorme. Nunca más estaría solo. A esa altura ya no había en mí ni siquiera el deseo de provocar un shock que pusiera fin a la condición de marginación en la cual me habían colocado. Sólo veía una inmensa multitud para evangelizar.

Del 27 de mayo al 6 de agosto, fecha de su retorno a Italia, pasaron 72 días, en los cuales estuvo casado, según el Rev. Moon, con María Sung. ¿En qué idioma se hablaban?

Ella hablaba un poco de inglés, no mucho, y un poco de italiano. Pero a menudo, para entendernos, tenían que intervenir los traductores: la comunicación no era fácil entre nosotros dos.

¿Cómo fue vuestra convivencia?

Los primeros cuarenta días después del casamiento, de acuerdo a la ritualidad de los *moonies*, se viven en castidad con la nueva pareja. Es el período del Thanksgiving, según la terminología propia de ellos. Para nosotros también fue así. Partimos en "luna de miel" (que no fue precisamente dulce) a Corea; después estuvimos juntos en Nueva York.

Más tarde, en los días convulsionados de agosto, María Sung dijo que presentía estar embarazada. Deduzco que ella había tomado la decisión de constituir una familia. ¿O me equivoco?

A esta pregunta, perdóneme, no voy a responder.

Pero usted, después de la ceremonia del casamiento, el 27 de mayo de 2001, había declarado que "si Dios lo quiere podría también llegar a ser padre: a Abraham le tocó serlo cuando tenía más de cien años".

Lo que sucedió quedará guardado sólo en mi memoria. No quiero hablar de esos momentos.

Muchos se preguntan cómo es posible que a su edad usted haya buscado un afecto.

Yo soy una persona normal, por más que ya sea una persona de edad: el amor fraterno encierra para mí un

49

gran significado, como también el paterno y el materno. Estos dos amores los buscaba en mi Iglesia, pero por mucho tiempo no los he encontrado. Los busqué en otra parte.

Su casamiento desencadenó obviamente el interés de los medios de comunicación, con la complicidad de los meses de verano, cuando escasean noticias para llenar las páginas de los diarios. Lo tendrá que admitir, parecía hecho a propósito para provocar escándalo.

Lo admito.

¿Hubo algún episodio que le hizo darse cuenta de lo absurdo de la situación en la cual se había metido?

Una vez, confieso, mientras estaba sentado junto a María Sung, fue como despertarme de una pesadilla y le dije: "¿Tú quién eres? ¿Mi esposa? ¡Yo no puedo casarme!". Ella reaccionó con dulzura, seductora, y me hizo pasar por lo menos temporalmente ese momento de "debilidad". "Tú eres mi marido, ahora ya eres mi marido y no puedes volverte atrás", me repitió varias veces, persuasiva.

¿Cuándo le pareció que había tocado fondo?

Un día, uno de los últimos transcurridos con María Sung, me pareció tan absurda la situación en la cual me encontraba, que elevé a Dios una oración desesperada, cuyas últimas palabras decían algo así como: "Señor, hazme morir, Señor hazme morir".

¿Los moonies tenían expectativas sobre usted?

Ciertamente, como ya he dicho. Pero también algo más: tenían incluso la idea de desarrollar su presencia en Africa gracias a mi nombre y a mis capacidades, fundando una Iglesia católica paralela, autónoma de Roma, con una jerarquía propia. Había un proyecto bien definido que contaba con abundante financiación, por lo que pude saber. Yo habría sido la cabeza de la nueva Iglesia.

¿Es una afirmación bastante grave, no le parece? Se habría tratado de un cisma.

Sí, pero no me habría prestado fácilmente a ese plan –un escrito sobre el mismo desapareció de mi valija, misteriosamente, a mi llegada a Italia–. Realmente era demasiado.

Todos lo buscaban en Norteamérica, mientras usted reaparece en cambio en Italia...

Al principio fue idea de Alba Vitali, una pintora del norte de Italia que se hace llamar Vitalba. Apenas la conocía, decía que era discípula mía. Los acontecimientos la habían conmocionado –como a tantos otros amigos en el mundo–, y quería a cualquier costo hacerme volver a Italia para reconciliarme con el Papa y la Iglesia católica. Me llamó por teléfono a los Estados Unidos, donde había logrado ubicarme, diciéndome con una voz dulce y persuasiva que el Papa tenía un gran deseo de verme. Me dijo incluso que el Papa estaba al corriente de todo, y que sólo quería verme.

¿Usted le creyó?

Sí, le creí. Por eso se organizó el viaje, de acuerdo con los mismos *moonies*, que sacaron los boletos y reservaron alojamiento en el hotel Milán. Partimos de Nueva York el 5 de agosto y llegamos a Malpensa al día siguiente. Iba acompañado por un guardaespaldas, el Rev. Oliver y María Sung. Estábamos firmemente convencidos, todos, también el Rev. Moon, de que el Papa nos estaría esperando con los brazos abiertos, para poner en marcha esa reconciliación que nos parecía obvia y necesaria. Tal vez, me lo digo ahora, comenzaba a ser un estorbo también para el Rev. Moon.

Y en cambio...

Y en cambio, apenas desembarcamos, valiéndose de una estratagema, la señora Vitali logró separarnos. Y fue así cómo me encontré en un taxi sólo con ella, mientras los otros miembros de la delegación se dirigían al hotel en otro medio público. Corrimos hasta Linate y nos embarcamos, después de una espera interminable, rumbo al aeropuerto de Fiumicino. Estaba extenuado por el *jet lag* y el largo viaje, ¡ya no soy un muchachito! Confieso que su modo decidido y brusco de tratarme, casi como si fuera un niño incapaz de entender y decidir, me molestó mucho, incluso me chocaba. Pero realmente deseaba encontrarme con el Santo Padre, así que me dejé llevar por la señora Vitali.

Dormí durante casi todo el viaje hasta aterrizar en Roma. Una vez en la capital, con otro taxi nos dirigimos a la cita ya establecida con un amigo suyo, Mauricio Bisantis, un comerciante que yo conocía bastante bien, y nos esperaba con su automóvil en un área de servicio de la avenida de circunvalación. Con él nos dirigimos por la Via Appia en dirección a Castelgandolfo.

Llegamos al Palacio Apostólico de Castelgandolfo a las 20 hs.

¿El Papa los esperaba, como sostenía la señora Vitali?

Yo creía que en el Vaticano me esperaban, no digo que con los brazos abiertos, pero con cierta expectativa. Pero la verdad era otra. No fue fácil lograr que entráramos en el palacio del Papa. Los guardias suizos y el personal de protocolo fueron tomados de sorpresa: estaba fuera de toda norma que una delegación como la nuestra, confieso que bastante heterogénea e insólita para esos palacios y de la cual verdaderamente me avergonzaba, solicitase ver al Papa. Hubo un cierto tira y afloja, porque a pesar de todo se daban cuenta que mi aparición, por extraña que fuera, constituía un hecho importante. Finalmente, no fue posible ver al Papa tan de inmediato, y era normal que sucediera.

¿Cuáles fueron sus reacciones?

Me disgustó mucho. Pero, lo digo abiertamente, yo en esos momentos estaba un poco molesto porque, en veinte años de residencia en Roma, las veces que me había presentado en el Vaticano nunca me había comportado mal, o había sido descortés. Me avergonzaba por las pretensiones de mis presuntos amigos, pero no sabía dónde esconderme. Llegado un momento la señora Vitali abrió una ventana para hablar por su celular: estaba fuera de sí y le decía a un interlocutor –que no comprendí quién podía ser– que había que ver al Papa y a ningún otro. Traté de calmarla, tomándole ligeramente la mano. Pero su programa y el de Bisantis era resolver todo en dos o tres días a lo sumo. Después se llegó a un acuerdo: habría podido verme con el secretario privado del Papa, Mons. Stanislaw Dziwisz. Era una persona que yo conocía bien y apreciaba.

¿Cómo fue el coloquio?

Apenas entré en la salita de los encuentros privados, junto al portón central, comprendí inmediatamente que el secretario del Papa estaba sinceramente contento de verme, de un modo que no me imaginaba. Me estrechó en un largo abrazo. Pero al mismo tiempo, de sólo verlo, le leí en la cara que había algo que no andaba como debía. Algo grave, gravísimo. Comprendí de golpe, como despertando de un sueño que había durado demasiado, que el shock había sido más grave de lo previsto, y que la Iglesia quería mi retorno, un retorno completo y radical. Por cierto, le hice presente que la primera razón de mi partida se encontraba en la prohibición de celebrar misas de sanación en las diócesis que visitaba. Además, los sacerdotes que me asistían para las confesiones, distribución de la eucaristía, imposición de las manos a los enfermos y unción de los enfermos, habían recibido la prohibición de ayudarme. ¡Estaba exasperado! Le dije: "¡Me faltó una Iglesia que me mostrase no sólo su rostro paterno, sino también el materno: mente y corazón!".

¿Qué le respondió Mons. Stanislaw Dziwisz?

"Recuerda que eres un arzobispo. Por siempre. Eres un apóstol. Has fundado congregaciones. No puedes dejar de lado estas responsabilidades que tienes en la Iglesia". Comprendí de inmediato. El continuó: "Eres un apóstol. Eres un arzobispo para siempre. Tu no puedes ser feliz fuera de la Iglesia católica". Si alguien te dice: "Tu eres un apóstol", cuando en realidad has hecho una gran confusión con ese nombre y con los accesorios de ese nombre, no te parece que la palabra sea la adecuada. Casi parece que te está tomando el pelo. Es un dato de hecho, una verdad absoluta, que no eres digno de ese nombre. Pero hay alguien que, aún consciente de la confusión que has creado, todavía ve en ti algún rastro de la realidad de ese mismo nombre, y cree que sobre ese algo se puede levantar de nuevo una bandera: esa persona es un profeta de la esperanza.

Eso ha sido su excelencia Mons. Stanislaw Dziwisz para mí. El todavía vio en mí esa esperanza y dijo: "No vemos la hora de verte tomar nuevamente tu lugar durante las celebraciones solemnes en la plaza San Pedro. ¡Qué gran alegría será!".

¿Y luego?

En ese momento tomé también conciencia de que había creado congregaciones: no podía abandonarlas por ningún motivo. ¡No podía escandalizar a sus miembros, a mis hijas e hijos espirituales! Recordé también una frase que acostumbraba repetir a la gente y que había oído de mi confesor en el seminario mayor: "Un sacerdote es como un pan a disposición de todos. No puede ser comido por una sola persona".

¿Sólo entonces se dio cuenta?

En realidad –ya lo he dicho– nunca había tenido conciencia plena de haberme separado de la Iglesia, si bien es cierto que ese escándalo lo había provocado a propósito: yo todavía celebraba misa todos los días, decía el rosario, leía el breviario... Nunca había pensado salir fuera de la Iglesia a causa del casamiento con María Sung. Lo repito y lo repetiré hasta el cansancio: estaba tan tomado por la idea de predicar el Evangelio que vivía en otro mundo. Pero en el fondo del corazón la inquietud era grande:

estaba esperando que el Señor mismo me hiciera una señal, me mostrase lo que tenía que hacer.

De nuevo esta poco creíble inconsciencia –perdóneme– de la gravedad de la situación y, al mismo tiempo, la sensación de que algo no andaba como debía.

Y sin embargo es así, y pido disculpas a todos por esa ligereza. Es verdad que el fin nunca justifica los medios (el casamiento era el medio, la predicación el fin), pero yo nunca pensé haberme puesto fuera de la Iglesia católica. Sentía el deber de predicar el Evangelio también a quien no cree.

¿Con una mujer al lado, usted, obispo de la Santa Romana Ecclesia?

Yo no pensaba tanto en el hecho de haberme casado con María Sung, que por otra parte era una buena mujer que se habría casado con cualquiera que le hubiera indicado el Rev. Moon. A mí no me impulsaba ningún interés pasional por un matrimonio que con gusto habría evitado: no me interesaba, bajo ningún punto de vista. A ella, en cambio, sí, le entusiasmaba este extraño e imprevisto casamiento. A pesar de la diferencia de edad: ella 43, yo 71. Podría haber sido su padre.

Mons. Stanislaw Dziwisz había notado su ausencia de Roma mucho antes de su casamiento.

Sí. En efecto, apenas me vio me dijo: "Durante las solemnes ceremonias pontificias en San Pedro muchas veces he mirado el lugar que solías ocupar, pero ya no estabas. Me dije: '¿Dónde estará el arzobispo Milingo?'".

¿Qué actitud mantenía Mons. Stanislaw Dziwisz con respecto a usted?

Nunca asumió una actitud autoritaria, y no trató de imponerse. Su abrazo era sincero y paterno, y dejó una huella perdurable en mi corazón. Me dijo que volviera al día siguiente para verme con el arzobispo Bertone, secretario de la Congregación para la doctrina de la fe, el dicasterio del cardenal Ratzinger.

¿Y entonces?

Entonces salí edificado, pero también turbado del encuentro con el secretario del Papa, y de nuevo me encontré en las manos de mis dos amigos –la Vitali y Bisantis– que habían organizado un proyecto temerario para devolverme a la Iglesia católica, de lo cual en cierto sentido tendría que estarles agradecido; sólo que lo hicieron de un modo demasiado brusco. Igualmente estoy dispuesto a perdonarles cualquier cosa, porque me han devuelto a mi casa, aunque no logro aceptar el hecho de que me hayan llevado de un lado a otro casi por la fuerza, sin decirme antes adónde nos dirigíamos, ni por qué debía comportarme de una determinada manera y no de otra. No lograba entender nada de lo que este dúo estaba tramando a mis espaldas. Me sentía un don nadie. Todo lo que yo llamaba alegría, felicidad y libertad había desaparecido. Nadie comprendía lo que estaba viviendo. Todo me molestaba, incluso la cama en la cual no lograba dormir.

Finalmente en casa

Juan Pablo II y Emmanuel Milingo. Un capítulo aparte. En las palabras del ex arzobispo de Lusaka nunca advertí ni siquiera un mínimo dejo de crítica hacia el Santo Padre; tampoco es posible encontrarla en sus libros ni en las entrevistas precedentes al verano 2001. Para él el Papa siempre ha permanecido por encima de cualquier crisis y de cualquier polémica.

Cada vez que yo nombraba a Juan Pablo II, la mirada del ex arzobispo de Lusaka se iluminaba. Respecto a esto no hay que olvidar sus orígenes africanos: la consideración que se tiene del anciano y de su indiscutible autoridad es indefectible.

Las respuestas de Mons. Milingo son ahora menos tensas, casi como si hubiera superado la dificultad para describir el retorno a la Iglesia, que él mismo definía a menudo como "mi casa", "mi familia".

El 7 de agosto se dio entonces el tan esperado encuentro con el Papa.

Era mi segundo encuentro personal con él. Fue hermoso. Desde 1983 que no lo veía en una audiencia privada. Muchas veces había solicitado verlo, pero en vano.

¿Por qué?

No lo sé, la burocracia, el protocolo... Hasta el momento de nuestro encuentro no sabía ni siquiera si mis cartas habían llegado a su despacho.

Cuénteme.

El Papa me recibió con la misma actitud del primer encuentro. También esta vez me había dicho a mí mismo: "Finalmente podré decirle todo, arrasar con todas las mentiras que se han tejido sobre mi persona. Sé muy bien lo que le tengo que decir". Habiendo nacido en Africa y habiendo sido pastor desde muy niño, sé muy bien cómo funciona la manada de bovinos. Sé muy bien, por ejemplo, las reacciones del toro cuando quiere enfrentar a alguien o algo... Pues bien, yo fui a ver al Santo Padre de frente como un toro, como en el encuentro precedente en 1983. Pero esta vez ya no era un toro en la plenitud de sus fuerzas, era un toro viejo... Por eso esta vez tenía mejor disposición para escuchar.

¿Y el Papa qué le dijo?

Tenía curiosidad por saber qué me habría dicho, qué acusaciones me habría hecho, qué errores y pecados habría señalado en mi comportamiento. En cambio el Papa no discutió nada conmigo, nada, no me acusó de nada. Yo lo saludé, él me pidió que me sentara y luego me dijo con solemnidad: "En nombre de Jesucristo, vuelve a la Iglesia católica". Nada más, no agregó nada más. Después yo hablé, no recuerdo ni siquiera bien lo que le dije; él permanecía en silencio, no reaccionaba a mis palabras. Finalmente agregó: "Hable con el obispo Bertone, que le dirá qué se debe hacer". Como en aquel primer encuentro, Juan Pablo II me edificó; vi en él a un padre que trataba de captar lo bueno que había en el hijo, porque era él mismo quien sentía que podía transformar mi corazón.

¿Cómo salió del coloquio con el Papa?

Después de veinte minutos de coloquio me sentía feliz por el simple hecho de sentirme en casa de nuevo, de ser recibido por el Papa en persona, que había tenido la delicadeza, repito, de no multiplicar las acusaciones en mi contra: "Eres una mala persona, mira todo el escándalo que has provocado, todos los pecados que has cometido...". Nada de todo eso. Sólo me dijo: "Vuelve a la Iglesia católica". Y yo volví. En ese momento tomé conciencia de todos mis errores, las cosas absurdas que había hecho, el perdón que tenía que pedir. Quería el shock, lo había tenido. Era como si se me hubiesen caído escamas de los ojos.

¿Cómo le demostró todas estas cosas?

Le besé los pies. Fue un gesto espontáneo. Había hecho sufrir al Papa, lo había atormentado; por consiguiente tenía que pedirle perdón también con un gesto. Es verdad que nunca me resultó edificante que mucha gente –no hago nombres– aprovecha de las audiencias con el Santo Padre para hablar con él con mucha facilidad, para pedirle favores o para apoyar a alguien. Esa gente no es consciente de que está hablando con una persona muy importante, como si el Papa fuera un hombre cualquiera que se encuentra por la calle. En cambio yo nunca he podido comportarme así, aún cuando tenía la

60

posibilidad. Creo que en estas actitudes hay una notable falta de comprensión de la dignidad de la persona con la cual se habla. En las audiencias públicas, por ejemplo los miércoles, el Papa les concede a los obispos la posibilidad de saludarlo. Estos le cuentan sus historias, sus asuntos. Yo no, no puedo.

El Papa es anciano y, por consiguiente, para un africano tendría que ser respetado de cualquier manera.

Aunque fuera más joven que yo, por su dignidad y por su autoridad, por el cargo que tiene en la Iglesia, tengo que tratarlo como a un anciano, como alguien que me representa la sabiduría divina. Además en este momento el Papa es una persona que resume en sí toda la Iglesia, y aún más, toda la humanidad. Tenemos que respetar su rol y su edad. En nuestra sociedad, lamentablemente con carencia de autoridad, el anciano representa a aquél que tiene una amplia experiencia, aquél que puede enseñar. Tenemos que ponernos a sus pies en actitud de escucha.

Eso es lo que hice con el Papa: por sumisión a su autoridad, y por el hecho de que con mi comportamiento lo había hecho sufrir tanto. Por lo tanto se trataba de tener una actitud de sumisión y de humildad, también para ser renovado bajo su autoridad.

¿Hijo pródigo?

Sí, me identifico con ese personaje de la parábola evangélica. Puedo decir, al respecto, que el Santo Padre me esperaba, me había hecho buscar por todas partes; pero el día que llegué, no, ya no esperaba que me vería. También para él fue una sorpresa.

Pero hay también otro pasaje del Evangelio que me vuelve a la mente después del encuentro con el Papa, una frase tomada de Lucas: "Uno de los malhechores crucificados lo insultaba: '¿No eres tú el Mesías? Sálvate a ti mismo y a nosotros'. Pero el otro lo increpaba, diciéndole: '¿No tienes temor de Dios, tú que sufres la misma pena que él? Nosotros la sufrimos justamente, porque pagamos nuestras culpas, pero él no ha hecho nada malo'. Y decía: 'Jesús, acuérdate de mí cuando llegues a tu Reino'. El le respondió: 'Yo te aseguro que hoy estarás conmigo en el Paraíso'".

El Santo Padre no me hizo muchas preguntas, tal como Jesús que no hizo muchas preguntas a Pedro sobre el motivo por el cual lo había renegado. Le pidió solamente su amor. "Nos reunimos en el amor. ¿Me amas?". El amor del Santo Padre con respecto a mi persona cuando nos encontramos estaba claramente expresado: "Vuelve a la Iglesia católica": todo se normalizará, no defraudes a Jesús. Así es como entendí sus palabras. Vuelve al amor de Jesús, porque él "nos ha amado primero". La reconstrucción espiritual consiste principalmente en responder a la pregunta que Jesús le dirigió a Pedro: "¿Me amas tú?".

¿Este encuentro marcó entonces una etapa importante?

Cerró el "agujero negro" del período americano. Desde ese momento tuve que luchar solamente contra la persecución de los periodistas... "¡Señor, perdónalos, porque no saben lo que hacen!".

¿Cómo siguió su relación con el Papa?

En ese mes le escribí dos cartas al Papa, la primera el 11 de agosto. ¿Me permite que se la lea? Explica mi actitud mejor que cualquier palabra. Esto fue, entonces, lo que escribí: "El que suscribe, ante su eminencia el cardenal Juan Bautista Cheli y su excelencia el arzobispo Tarcisio Bertone, habiendo concluido la conversación sobre el tema en discusión: a través de su consejo y fraterna corrección, como la de Mons.. Stanislaw Dziwisz, yo, ahora,vuelvo a comprometer mi vida en la Iglesia católica con todo el corazón, renuncio a la convivencia con María Sung y a mis vinculaciones con el Sr. Moon y la Federación de las familias por la paz mundial. Sobre todo las palabras que me ha dirigido: "En el nombre de Jesús, retorna a la Iglesia católica", han sido un reclamo a mi Iglesia–Madre y una orden paterna hecha a mi persona de realizar mi fidelidad y obediencia a usted, representante de Jesús sobre la Tierra, jefe de la Iglesia católica. Me encomiendo a sus oraciones paternas y a su bendición. Su humilde y obediente servidor, arzobispo Emmanuel Milingo".

¿Por qué, en esta carta, quiso mencionar al cardenal Cheli y al arzobispo Bertone? ¿Fueron ellos los que lo obligaron a escribirla?

No, no me obligaron de ningún modo. Claro, me hicieron notar que el Papa esperaba una respuesta formal de mi parte a su perdido de volver a la Iglesia católica. Sabía muy bien que, para hacerlo, tenía que aceptar las tres condiciones que se habían planteado en el ultimátum, es decir, que dejase a María Sung, que dejara de frecuentar al Rev. Moon y sus seguidores, y que aceptara la doctrina católica en materia del celibato sacerdotal. Es lo que quise decir en esta carta.

¿Volvería a redactar esta carta con las mismas palabras?

Sí, una por una.

Dos semanas más tarde usted le hizo llegar al Papa una segunda carta. ¿Puede recordárnosla?

Esa carta es más completa, fruto de una larga meditación. Le escribí en estos términos: "Santo Padre, al tiempo que le digo gracias me doy cuenta de que este breve y simple 'gracias' es demasiado poco. Cuando, el 7 de agosto de 2001, me incliné para besar sus pies, me puse en el lugar de la mujer pecadora de la Biblia que siguió esparciendo en los pies de Jesús el óleo perfumado hasta que alcanzó a recibir las palabras consoladoras de perdón de aquel que era su creador y maestro: 'Te son perdonados tus pecados... Tu fe te ha salvado... Vé en paz'.

"Mientras me volvía a incorporar, usted con su mano izquierda me indicó una silla y me invitó a sentarme. Alzando su mano derecha pronunció palabras que todavía resuenan en mis oídos: 'En nombre de Jesús, vuelve a la Iglesia católica'. Más que esto, usted no podía decir. Luego hubo un silencio, hasta que yo comencé a balbucear palabras que no lo impulsaron a agregar nada más, ni a repetir lo que me había dicho.

"Como el hijo pródigo, usted me envió a su excelencia el arzobispo Tarcisio Bertone para repetirle lo que le había dicho a usted. Era como si usted dijera: 'Milingo estaba muerto, y ahora ha vuelto a la vida'. Fue la confirmación de mi retorno a la Iglesia católica.

"He comprendido sus palabras, como si usted me dijera: 'Aunque tus pecados fueran rojos como la escarlata, se volverán blancos como nieve', como escribe Isaías. Quiero caminar junto a usted, Santo Padre, con mis hermanos obispos, con toda la Iglesia católica. Estoy dolido por la aflicción y el gran dolor que le he causado a usted personalmente, por el escándalo dado a toda la Iglesia católica, sin olvidar a mis tres comunidades religiosas.

"Le pido su bendición, amor y perdón. Yo soy, Santo Padre, su humilde y obediente servidor, arzobispo Emmanuel Milingo".

Una carta quizás menos formal que la anterior.

Había tenido tiempo para escribirla, habían pasado algunos días, me había calmado, había tomado conciencia de lo que había hecho de un modo más completo. Por eso me comparé con la pecadora del Evangelio. Me sentía pecador.

Usted escribía que hasta se sentía muerto.

Lo escribí y lo pienso. Estaba muerto. Por el pecado, por las graves ligerezas que había cometido.

¿Fue el único coloquio con el Papa, el del 7 de agosto?

No. Antes de partir de Castelli Romani para la segunda etapa de mi retiro espiritual me vi nuevamente con el Santo Padre. No todos están al corriente. Tuve impresiones extraordinarias también en esa ocasión. Cuando supe que el Papa quería volver a verme antes de que partiera para América del Sur, me di cuenta de que era el día de la apertura del sínodo de los obispos. ¡Increíble: el Papa se hacía tiempo para esta audiencia privada! El quería de todos modos saludarme antes de partir. Mons. Bertone estaba en el norte de Italia, así que tuvo que volver de carrera para este encuentro imprevisto, que por lo tanto se realizó después de la cena, un horario insólito para las audiencias papales.

El Santo Padre me preguntó adónde iba, que habría hecho durante mi estadía allí, con quién habría estado. Era, de nuevo, como un padre que se interesaba por el hijo. No era un juez.

¿Y usted cómo reaccionó?

Le quise comunicar al Santo Padre la ayuda recibida por la oración de muchos africanos, que habían hecho largas oraciones por mí y por mi regreso a la Iglesia. Por ejemplo, supe de una diócesis entera que oraba por mí. Entonces el Santo Padre me dijo en tono grave: "Yo también he orado por usted". Era una situación tan íntima que quedé edificado por el Papa.

Si hoy se encontrase de nuevo con el Papa, ¿qué le diría?

Le agradecería nuevamente, y largamente, por todo lo que hizo por mí. Después me ofrecería de nuevo totalmente a la Iglesia, a través de su persona. Y basta, nada más. Con el Papa bastan pocas palabras para entenderse.

¿Por qué lo dice?

Porque en él lo que más me impresionaba era su seguridad, la autoridad efectiva que ejercía sobre mí y la conciencia de su deber de traer de nuevo al redil a la oveja descarriada. Esto me dejó sin palabras. Estaba tan desarmado ante su actitud que el retorno a la Iglesia católica me pareció algo evidente: ya lo había hecho en ese mismo momento en el cual el Papa me formulaba el pedido. Era como un Padre amoroso que quiere darle confianza al hijo, aunque éste realmente no la merezca. Había intuido, además, que no tenía que darme tiempo de sumergirme nuevamente en mis extraños pensamientos de ese período; así fue como encontró la frase precisa y justa para sintetizar todas esas exigencias: "Vuelve a la Iglesia católica". Y dio en el centro: con esa frase me dio una orden pero, al mismo tiempo, un afectuosa "bienvenida" a mi Iglesia. El Santo Padre probablemente no veía más a Mons. Milingo en ese coloquio, sino a un hijo de la Iglesia católica.

En manos de Mons. Bertone

Uno de los pasajes más inesperados, en la entrevista concedida por Mons. Emmanuel Milingo, se dio cuando afrontamos las relaciones que necesariamente el obispo debió establecer con Mons. Bertone y con la Congregación para la doctrina de la fe, a la cual había sido confiado por el mismo Papa. Conociendo los antecedentes borrascosos entre el obispo sanador y el dicasterio vaticano, esperaba de él expresiones "encendidas". En cambio debo confesar mi sorpresa al ver una actitud conciliadora, diría, casi de sumisión. Actitud que en primera instancia me pareció bastante sospechosa, difícil de aceptar. Por eso pensé que se trataba más que nada de cálculo y conveniencia. La duda, de alguna manera, quedó flotando también luego de la entrevista. En efecto, las respuestas de Mons. Milingo parecen expresar sólo una parte de lo que él realmente piensa, después de haber tenido que digerir no pocos tragos amargos y durante veinte años. Pero al mismo tiempo sus palabras parecen sinceras.

Excelencia, tanto Mons. Dziwisz, como el Papa, le habían dicho que se pusiera en manos de Mons. Tarcisio Bertone, brazo derecho del cardenal Ratzinger. ¿Cómo fue el primer contacto con él?

El arzobispo estaba al tanto de todo lo que me había sucedido. Había seguido al detalle los acontecimientos que me habían tenido como protagonista, a través de los diarios y los informativos del Vaticano, pero también consultando el sitio que había abierto en Internet. Me mostró las cartas que había enviado al Vaticano desde Norteamérica, y que yo creía ya perdidas. No faltaba ninguna. Pensaba, como ya dije, que nadie las había tenido en cuenta. En ese coloquio comencé hablando yo, dándole mi versión de los acontecimientos de esos meses. Se lo estaba diciendo precisamente a aquel de cuya oficina había partido la carta que me planteaba el ultimátum del 20 de agosto, para que volviera a la Iglesia católica antes de la excomunión.

¿Cómo había recibido ese ultimátum?

Estaba en Norteamérica, en lo peor de la crisis, y esa carta me pareció absurda. Por mí, yo todavía formaba parte en pleno de la Iglesia católica. Sin embargo, esa carta también fue útil para hacerme comprender mejor que el shock que había provocado había llegado más allá de lo que me hubiera imaginado.

¿Qué impresión le causó Mons. Bertone cuando se presentó?

Desde el primer momento se mostró muy humano en su forma de tratarme. Podría decir que no se me acercó "tomándome" por la cabeza, sino por el corazón. Me contó de muchísimas personas que rezaban por mi regreso a la Iglesia. Me puso al tanto del estado en que se encontraban las congregaciones fundadas por mí: "Tus hijos —me dijo— están disgustados por tu partida. Recuerda que ellos siguen orando por tu retorno".

Sólo en un segundo momento me di cuenta de que estaba hablando con Mons. Bertone, con el número dos de la Congregación para la doctrina de la fe, el ex Santo Oficio. Pero no me asusté. Aunque parezca paradójico, ya en tiempos de mi residencia en Norteamérica había comenzado a desear un diálogo verdadero con la congregación, una comprensión mutua, el respeto recíproco, la colaboración, la corresponsabilidad. Quería que los problemas en los cuales me había metido se resolvieran en un clima fraterno. Y he visto que así sucedió.

¿Por ejemplo?

Cuando le hice presente que algunos hombres de Iglesia de alto nivel habían tratado incorrectamente a la gente de mis congregaciones, él me respondió asegurándome que estas hermanas y hermanos eran todos hijos de la Iglesia, y que ninguno podía hablar mal de ellos. Me sentí confortado.

Me imagino que también habrán afrontado problemas mas urticantes...

Con respecto a las acusaciones de brujería que muchas veces se me endilgaron, Mons. Bertone me habló en cambio del "ministerio de sanación" (palabras suyas) que se estaba difundiendo en la Iglesia gracias también a mí.

"¿Por qué motivo debes abandonar ahora a la Iglesia?", me preguntó. Yo le respondí: "¡Ojalá la Congregación me hubiera hecho esta pregunta hace unos meses! ¡No habría armado todo lo que sucedió!". Lamentablemente no había habido una relación cordial entre la Congregación y mi persona.

¿Puede explicarlo mejor?

Yo estaba en Roma desde hacía 19 años. En todo ese tiempo recuerdo haber pasado sólo dos o tres veces por la Congregación para la doctrina de la fe. Aunque en este título aparece el término "fe", no había tenido nunca familiaridad con ella, y en el fondo no me interesaba. Pero cuando uno arma un embrollo, cae obviamente bajo su mirada y ya no se puede permanecer indiferente o al margen. Y yo el primer embrollo lo armé ya en los años setenta. Por lo tanto mi actitud personal frente a esta institución estaba caracterizada por las palabras coloridas que por lo general oía que se asociaban a su nombre: control, verificación, corrección, disciplina... Creía que la Congregación existiese solamente para controlar a los demás, para corregir y para evaluar lo que los demás decían.

En el verano 2001 usted cae por segunda vez bajo sus ojos "inquisidores". ¿Sentía su peso?

De acuerdo al juicio que al principio se había formulado con respecto a mí, tenía que ser castigado. Había materia para hacerlo: me había casado, había comenzado a frecuentar un grupo religioso equívoco, había renegado del celibato sacerdotal. Si no hubiera sido por el deseo explícito del Santo Padre y las palabras comprensivas de Mons. Stanislaw Dziwisz, que me prepararon al encuentro con el arzobispo Tarcisio Bertone, seguramente habría encontrado dificultades. El prejuicio que tenía con respecto a la Congregación, en efecto, no había crecido en una noche. Lo incubaba desde cuando se me había transferido a Roma. Había leído sobre discusiones maravillosas y sobre soluciones logradas en las actas oficiales de la Congregación, pero dado mi prejuicio no veía nada bueno en ellas.

¿Por qué este cambio de actitud?

Porque esta vez la Iglesia dejó las 99 ovejas en el redil para ir a buscar a la descarriada. Ahora comprenderá por qué antes le decía que mi cristianismo carecía de profundidad. No comprendía. Ahora me alegro de haber dicho lo que sentía respecto de la Congregación: me he confesado en público con ustedes, y ahora espero el perdón, sin las penitencias si fuera posible.

¿Cómo le fue presentado Mons. Bertone?

Mons. Stanislaw Dziwisz me había descripto a Mons. Tarcisio Bertone como un hombre "bueno y justo" en el sentido bíblico del término, "un hombre recto". Así es que, como ya dije, mis prejuicios desaparecieron rápidamente.

Les confieso que, igualmente, en los primeros diálogos con él traté de usar el sexto sentido, del cual los africanos estamos bien provistos: preferí escuchar, antes que tirarme a la pileta, cuya profundidad desconocía. Me decía a mí mismo: "Los oficiales del Vaticano son diplomáticos, así que también tú tienes que ser diplomático".

Una guerra de posiciones...

No precisamente. Digamos que traté de estudiarlo. Y comprenderá por qué dije que usaba el sexto sentido, un instinto que te hace reflexionar sobre ti mismo, no estando dirigido solamente hacia fuera. Así, a través de este momento de reflexión, obtuve un consentimiento interior que me dijo que me abriera libremente y con confianza a Mons. Bertone.

A final el arzobispo se convirtió en el hombre con el cual he tratado las modalidades de todas las reconstrucciones que ahora estoy viviendo.

¿Tratado?

Diría, más bien, concordado.

Mons. Bertone fue después a visitarlo varias veces durante su retiro en Castelli Romani. ¿Se puede saber de qué hablaban?

Sí, venía seguido. Y esto fue edificante para mí, porque perdía tiempo conmigo, se ocupaba de mí. Se interesaba por mi persona y mis cosas. Hasta logró restablecer un contacto mío con las congregaciones que había fundado, en un encuentro que, como decía, se desarrolló en Castelgandolfo a comienzos de septiembre de 2001. Una cita conmovedora, en la cual pude volver a abrazar a mis más estrechos colaboradores, que me supieron perdonar. Les estoy infinitamente agradecido. Mons. Bertone asumió el rol de locum tenens con respecto a mis congregaciones, y también a mis obras.

¿Todo rosas y flores?

Digamos que por el bien de la Iglesia estamos colaborando. Hasta nos hemos vuelto amigos, aunque él es dueño de no creerlo.

Y con el cardenal Ratzinger, ¿cuáles fueron sus relaciones?

Me mandó dos libros para el aniversario de mi orde-nación sacerdotal, y esto me agradó mucho. Todavía no lo he visto personalmente, y espero que tarde o temprano nos conozcamos. Lo repito, tenía un gran prejuicio con respecto a la Congregación para la doctrina de la fe y, por lo tanto, con su prefecto. Pero también en su caso he comprendido que el departamento que dirige no es algo abstracto, sino un organismo integrado por personas determinadas, incluidos el Card. Ratzinger y Mons. Bertone. Este ultimo tuvo constantemente informado al primero, el cual seguía todo lo que sucedía a distancia, porque era época de vacaciones. Los regalos que me mandó eran, en el fondo, una forma de permitirme que participara de su vida: leyéndolos he comprendido que tenía que tratarlo como una persona y no como una función. Poco a poco he intuido que no tenemos que juzgar a las personas de acuerdo a su función, sino que tenemos que pensar que siguen siendo siempre personas humanas, más allá de las responsabilidades que se les han sido atribuidas.

Con los focolarinos

Cuando se comienza a hablar del primer período de su retorno a la Iglesia católica –del 8 de agosto al 10 de septiembre– transcurrido junto a algunos sacerdotes del Movimiento de los focolares en una "villetta" de Grottaferrata, en Castelli Romani (¡cuántas pistas falsas!), las expresiones de Mons. Milingo se vuelven sorpresivamente recatadas. Al principio creí que sería una forma de proteger la privacidad de momentos particularmente dolorosos. Luego me di cuenta de que se trataba, en cambio, de respeto: como si no quisiera definir a esos sacerdotes de manera impropia o insuficiente, que no estuviera a la altura del gesto valiente de recibirlo en su casa, a pedido explícito del Vaticano, después que otros se habían negado. De un día para otro, en efecto, estos sacerdotes vieron su vida trastocada por su arribo. A título de crónica, es bueno saber que anteriormente no había habido ningún tipo de relación entre los focolarinos y las organizaciones de Mons. Milingo, como ambas partes confirman.

"He descubierto una vida comunitaria que no conocía –me confió en un intervalo de la extensa entrevista–. Comprendí que le faltaba algo en mi vida cristiana: la vida de una pequeña comunidad cálida, animada por el amor recíproco."

En Castelli Romani Milingo pudo transcurrir en relativa calma las primeras semanas de su tragicómico retorno.

De allí un día fue a Roma para encontrarse con María Sung. Y también de allí partiría para encontrarse con sus Congregaciones en Castelgandolfo, en el Centro de encuentros de los Focolares. Y finalmente, de allí mismo, partió para Sudamérica.

Volvamos a la crónica de los acontecimientos agitados de agosto. ¿Qué sucedió entre la audiencia con el Papa y su llegada a la casa de los sacerdotes focolarinos?

La señora Vitali y el señor Bisantis organizaron una conferencia de prensa que seguramente todos ustedes vieron. Fue un encuentro que decididamente yo no habría deseado. Pero ellos exigían que yo dijera a todos mi verdad, así que me impusieron esa confrontación con los periodistas a la que no me pude oponer. Algunos de ellos esperaban que Mons. Milingo se mostrase obstinado y arrogante contra la Iglesia católica y el Papa, pero se fueron defraudados. Me hacían muchísimas preguntas, que a mí me parecían todas sin sentido, aunque ahora me doy cuenta que expresaban el deseo de querer comprender: "¿Qué hará con respecto a su excomunión?; "¿Y su obediencia al Papa?"; "¿Todavía es miembro de la secta de los Moon?". Les contesté con las simples palabras de San Pablo:: "No te dejes vencer por el mal, sino vence al mal con el bien".

Convengamos que, de cualquier manera, suena siempre como una frase ambigua.

No para mí. Quiere decir que yo quería ponerme del lado del bien, reconociendo el mal que había hecho.

Después de los primeros encuentros con Mons. Stanislaw Dziwisz, con el Papa y con Mons. Bertone, usted se mudó a otro lugar. ¿Cómo fue eso?

Estaba todavía en manos de la señora Vitali y del señor Bisantis –alojado en un departamento que nunca he localizado–, cuando estos dos amigos me llevaron a un cruce de caminos del cual no recuerdo para nada el lugar, me parece que sobre la Via Appia. Estaba oscuro, de eso estoy seguro. Allí me esperaba un segundo automóvil. La señora Vitali se puso a llorar por la emoción y se despidió. Estoy seguro de que siguió llorando luego de nuestra partida. Yo no comprendía por qué se estaba despidiendo, después de esos días tan intensos que pasamos juntos. De cualquier manera, nos volveríamos a ver.

Me parecía estar viviendo en un mundo de sueños, aunque en el fondo me disgustaba dejar su compañía tan bruscamente.

¿Quién estaba en el otro automóvil?

Dos mujeres. Con una de ellas había hablado esa mañana por teléfono, era una empleada de la Congregación para la doctrina de la fe. Ella me presentó también a otra mujer, que hacía de chofer. Eran muy amables, esto lo recuerdo. Primero me llevaron a una casa de sacerdotes, que no era aquella en la cual luego habría pasado cinco semanas. Allí un sacerdote se hizo cargo del volante y le pidió a las dos mujeres que nos siguieran. Era el P. Enrico Pepe, un hombre sabio y culto, que luego sería mi amigo y confidente. Un hermano. Cuando llegamos a destino, no muy lejos, las despedimos también a ellas y entré en mi nuevo alojamiento. Había otros dos sacerdotes. Eso es todo lo que recuerdo, a pesar de que me esfuerce por revisar la memoria. Celebré la misa y me fui enseguida a dormir, estaba agotado y no me sentía bien.

¿Se dio cuenta adónde había llegado?

No. En el auto de la empleada de la Congregación para la doctrina de la fe me sentía todavía como un fardo llevado de un lado a otro. Estaba sumamente cansado. Por lo tanto no me di cuenta enseguida adónde habíamos llegado. Lo comprendí poco a poco, en los días siguientes. Recuerdo, sin embargo, muy bien la primera pregunta que me hicieron: "¿Necesita algo de ropa?". Hacía cuatro días, en efecto, que no había podido cambiarme. Tenía la ropa pegada al cuerpo, ¡desde Nueva York a Castelli Romani! Alguien hasta había llegado a comentarme anteriormente: "¡No te habrás presentado en ese estado al Santo Padre!". ¿Qué tiempo podía tener a disposición para ocuparme de mi aspecto cuando me llevaban de un lado a otro sin saber adónde iba? Mis cosas habían quedado en el aeropuerto de Malpensa. Esos sacerdotes me dieron todo lo que necesitaba sin hacer comentarios. Así es como pude volver a presentarme de nuevo decentemente. Me llamó la atención la solicitud con que me atendían. Parecía que cada uno de ellos había sido puesto a mi servicio. Me sentía tratado como un miembro de familia real.

¿En esos días veía televisión, seguía los noticiosos?

No, de ninguna manera. Hubiera podido hacerlo, pero no quería oír falsedades sobre mis asuntos. Prefería permanecer en calma.

¿De qué hablaban en el almuerzo, la cena?

Es difícil decirlo, no se conversaba de nada extraordinario. Además no sacaban el tema de mis andanzas. Diría que todo transcurría con simplicidad. Observando a mis nuevos compañeros de vida, repito, fui descubriendo en ellos una actitud fundamental: estaban siempre dispuestos a servir. En esos días me servían a mí. ¿Necesitaba algo? Allí estaban para darme todo: ropa, zapatos, libros, alimento. Hasta me preguntaban si no tenía ropa que lavar o planchar. Todo esto me parecía un poco extraño. Era gente buena. Recuerdo que un día el P. Pepe me dijo: "Nosotros no te preguntaremos nada de lo que ha sucedido". Y me explicó que podíamos comenzar a vivir de nuevo en el momento presente. Esta sugerencia me resultó muy útil, en ese período de reconstrucción física y moral.

¿Cómo transcurrían sus jornadas en la casa de Castelli Romani?

En el día había algunos programas fijos: naturalmente, el desayuno, el almuerzo, la cena, es decir, una vida comunitaria regular. Después hacíamos meditación juntos, tanto por la mañana como por la tarde. Fuera de esos momentos, yo tenía mis horarios de oración y además escribía, escribía mucho. De modo que los días estaban llenos, y yo me encontraba siempre ocupado, lo cual era importante para no recaer en la confusión mental que había padecido en ese período. Poco a poco el ambiente se me volvió familiar, hasta que comprendí cuál era el centro de la espiritualidad de los Focolares: la unidad. Nuestra vida era normalísima, incluso con fiestas y momentos de distensión. También cantamos juntos, hasta con Mons. Bertone, que tiene una buena voz.

¿Qué escribía?

Trataba de poner por escrito reflexiones sobre lo que me había sucedido, y las meditaciones sobre el Evangelio que hacía en esos días. Gran parte de lo que les estoy diciendo es también fruto de las reflexiones de esos días benditos.

¿Quiénes más vivían con usted en la casa de los focolarinos en Castelli Romani?

Había un italiano –el P. Pepe, que ya mencioné—, un indio y un africano. Durante un tiempo estuvo también con nosotros un sacerdote eslovaco que enseña en una universidad de Roma.

Le pido disculpas por no darle los nombres de las personas que estuvieron a mi lado. Merecen simplemente este título: los llamaré "sacerdotes notables, miembros ilustres del Movimiento de los focolares". Cuando llegué a su casa me sentía torpe como una gallina mojada que no logra extender las alas y hace movimientos ridículos. Así era yo, como alguien que está saliendo de una pesadilla. Finalmente era tratado como un verdadero hijo de la Iglesia católica.

Su salud había desmejorado bastante en esas semanas...

Se ha dicho que durante el "período norteamericano" había dejado de tomar las medicinas adecuadas y que por eso mi presión sanguínea había alcanzado límites excesivos, mucho más de los 200. Eso no era cierto. En Norteamérica no estaba mal, me trataban bien. No me curaba más con fármacos, pero sí con hierbas y acupuntura. Lo peor para mi salud fue cuando volví a Italia: tenía miedo, me sentía llevado de un lado a otro, no sabía dónde estaba, y sobre todo los periodistas me perseguían por todas partes. Vivía una pesadilla. Eso era lo que me ponía tenso, que me estresaba; por eso lógicamente la presión sanguínea subió mucho. Igualmente, mis nuevos amigos encontraron el médico justo para curarme.

¿Por cuánto tiempo se mantuvo ese estado de tensión?

Diría que tres o cuatro semanas. Pero mis compañeros supieron calmar los signos visibles de una neurosis que me atormentaba. Sólo quien me ha visto en esos días puede comprender lo que estoy diciendo. Estaba literalmente hecho trizas. En mí estaba en ebullición un sentimiento extraño de confusión, una extraordinaria voluntad de autoafirmación que afectaba lo más profundo de mi ser. Puedo decir que, con la calma que ellos me transmitían y con su amabilidad, esa extraña voluntad se fue disipando. Me dijeron simplemente: "Olvidemos el pasado, valoricemos el presente y hagamos lo que debemos hacer hoy". Fue la clave justa para mantenerme en mis cabales.

¿Sentía que se podía mover con libertad?

Ya sé que muchos dudan de que me haya dirigido libremente a la comunidad de los sacerdotes focolarinos, que me hayan llevado por la fuerza. Es ridículo, basta pensar que eran dos mujeres las que me llevaron a esa casa. Estaba bien libre, aunque advertía que había llegado a una bifurcación de caminos decisiva en mi vida. Tenía que decidir. No había rejas en las ventanas, sino en mi corazón. Al principio, y esto es verdad, no sabía dónde me encontraba; pero igualmente era libre. Podía abrir la ventana e irme, no estaba encerrado en una fortaleza. Además, hay que comprender una cosa: ya no podía exponerme por mucho tiempo en público y al alcance de los medios. También yo quería y tenía que retirarme, lograr de a poco recobrar mi libertad interior. Tenía que digerir de alguna manera lo que me había sucedido antes de poder compartirlo con los demás, como estoy haciendo ahora con ustedes. Antes no habría podido. Ahora estoy en condiciones.

¿No sospechó en ningún momento que todo esto podía estar armado?

Sí, por un tiempo lo pensé. Después me fui dando cuenta de que no había ningún acuerdo precedente para ponerme bajo el cuidado de los focolarinos. Todo se fue dando casualmente, por una sugerencia de la empleada de la Congregación para la doctrina de la fe. ¡No sabían dónde meterme! Además, mi residencia con ellos debía durar al máximo unos días, para sustraerme a la presión. Algunas semanas más tarde la cosa se volvió prolongada.

¿Recibía visitas?

En la casa de Castelli venían seguido a visitarme sobre todo el Card. Cheli y Mons. Bertone. Más tarde vinieron también tres obispos de Zambia. En dos ocasiones fui a Castelgandolfo, como ya dije, para encontrarme con miembros de mis congregaciones.

A propósito del cardenal, debo subrayar el modo como me trató, como un hijo, también en el período que estoy pasando ahora. Es más, debo decir que precisamente en estos trances estuvo muy cerca de mí, ayudándome de mil maneras, también sugiriéndome libros espirituales que luego me han ayudado concretamente. Tengo que decir que siempre se mantuvo informado sobre mi salud y sobre el desarrollo de mi retiro.

¿Cómo logró salir de la pesadilla?

Ante esa situación decidí comenzar un retiro de treinta días. Bertone, la primera vez que nos vimos, me había dicho: "Tómese un tiempo de reflexión antes de volver al ejercicio de su ministerio en la Iglesia, para satisfacción de los fieles que se han sentido escandalizados y desilusionados por su comportamiento". Confieso que esas palabras al principio me irritaron, me inquietaron, porque temía que me habrían enviado a una casa de expiación. Me autocompadecía un poco, lo admito. Pero apenas entré en la casa de los focolarinos me di cuenta que no estaba alojado en una casa de reclusión o de expiación, sino en un lugar apropiado para la meditación y la reflexión. Entonces me puse en la actitud de un joven seminarista dispuesto a dejarse guiar. En efecto, no estaba muy seguro de poder hacerme cargo completamente de mí mismo. Entonces le pedí a Mons. Bertone comenzar enseguida un período de retiro espiritual de treinta días. Era el 10 de agosto de 2001. Estaba presente también el cardenal Juan Bautista Cheli, que recordaba cómo, en 1996, había iniciado el mismo proceso, retirándome a Las Marcas por treinta días, rezando, escribiendo y consumiendo una sola comida al día. Habían pasado años, pero el cardenal lo recordaba: quería decir que para él yo contaba de alguna manera, después de los años pasados juntos en la comisión de migraciones.

¿Qué efectos tuvo este período de reflexión?

Había muchas cosas que necesitaba rever en mí. Tenía un corazón en plena ebullición, si mal no recuerdo ya usé esta expresión. Uno se da cuenta de que está saliendo vapor, que la temperatura se eleva, pero todavía no sabe cuál puede ser la causa. Por eso seguía adelante esperando lo que el Señor me habría dicho. Y él me confirmó que iba por el buen camino. Así es como, con la ayuda de mis hermanos de la comunidad de los Focolares, pude encontrar de nuevo apoyo, ayuda espiritual, compartiendo con ellos las meditaciones. Así fue como finalmente fui encontrando mi libertad, el camino justo para mi vida.

¿Por qué le llevó tanto tiempo comprender que se había equivocado?

Para hacerme entender, quisiera contarle una breve historia de mi infancia. Algunas veces nos trasladábamos, por voluntad propia o por necesidad, viajando de noche. Aunque no teníamos con qué alumbrarnos, los niños no nos preocupábamos porque con nosotros iban nuestros padres y los ancianos. A veces sucedía que nos decían que corriéramos. Como éramos pequeños obligábamos a los mayores a correr a nuestra velocidad. Sólo cuando habíamos llegado a casa ellos nos decían el peligro que habíamos corrido. Sólo entonces sentíamos el miedo, porque podíamos darnos cuenta de la situación peligrosa en la cual nos habíamos encontrado. Al mismo tiempo apreciábamos lo que los ancianos y nuestros padres habían hecho advirtiéndonos a tiempo para poder escapar. Dios me ha recordado en este período de reflexión que yo le pertenecía, como si me hubiera desposado con él en una vida de total consagración: "Debo cumplir, Dios mío, los votos que te hice". No esperaba de mí una deserción sino un agradecimiento: "Te ofreceré sacrificios de alabanza".

Sólo cuando habíamos vuelto a casa nos dimos cuenta del peligro que habíamos corrido, y podíamos agradecer a nuestros padres y ancianos que nos habían salvado de un peligro que nosotros no habíamos advertido. A nosotros nos falta una visión global. Vemos únicamente un lado de la medalla, podríamos decir. Por eso somos imprudentes y caemos.

¿Qué virtud le parece haber desarrollado en este período?

¿Sólo una? No, no sólo una. ¡Todas! Paciencia, humildad, hacerse "nada"...

¿"Hacerse nada"?

Quiere decir despojarse de los propios títulos, no decir quién es uno, perder como Cristo incluso el propio nombre –comencé a usar el de mi madre, Lubimwe, y no más Milingo, para mantener la necesaria reserva–, no querer hacer la propia voluntad sino la de Dios, y también la de los demás. Yo pensaba que era útil a la Iglesia y a la humanidad por algunos dones que tenía. He comprendido que no era Milingo el que hacía esas cosas, sino Dios. ¡El mundo sigue adelante también sin Milingo! Esto ya lo he comprendido.

¿Advirtió la necesidad de una conversión?

Sí. Esto ha significado para mí abandonar mi vida, como invita a hacer la Biblia, dejar todo en manos del Señor, también mi poder de curar ansiedades, angustias y tristezas. He aprendido que es él quien debe curar todas esas enfermedades. Un día me encontré leyendo un pasaje de la Biblia donde Moisés le da el maná a los israelitas en el desierto. Pero Jesús en el Evangelio dice que no fue el patriarca el que hizo descender el maná, sino el Padre que está en los Cielos. Todos pensaban que era yo el que tenía ciertas capacidades y que curaba. No, todos siguen viviendo y curando y echando demonios también sin Milingo, lo repito.

Me convertí sólo por la acción de Dios y por las oraciones y los sacrificios de muchos. Gracias a ellos he aceptado "morir a mi yo". Fui yo mismo el que tomé la decisión de irme. Para poder volver, en cambio, se necesitó una fuerza superior.

¿Quedan cicatrices?

Hay quienes restauran los muebles antiguos, pero si no conservan las características originales no son una pieza de anticuario, no tienen ese valor. Como siempre, en esto hay que reconocer la astucia de los napolitanos. Cuando se trata de restaurar muebles viejos (dicen que son expertos en ese trabajo), aunque usen materiales nuevos logran darles el color justo y, dado que los muebles antiguos tienen agujeros a causa de las polillas, usan una especie de pistolas para hacer artificialmente muchas pequeñas perforaciones. De este modo consiguen vender bien los muebles y todos quedan contentos. Pienso que para volver a ser lo que era antes, se han hecho agujeros en mí. Creo que son imborrables. No hace falta multiplicarlos. Creo que en el proceso de reconstrucción se está haciendo todo tipo de esfuerzo para llenarlos. Pero las cicatrices quedan, porque son históricas piedras miliares.

¿No surgió en usted el deseo de pedir perdón a alguien? ¿Y a quién?

Es difícil decir a quién en particular. Ya le había pedido perdón a todos los que había hecho sufrir: lo había escrito en la segunda carta al Santo Padre, en la que había explicado que quería caminar junto a él en la Iglesia. Además, todos los días rezo por mis benefactores, por todos los que estaban conmigo y que conmigo han sufrido y que rezan por mí. He pedido perdón a quién he escandalizado, he hecho todo lo que se me pidió que hiciera.

¿Lo que se le pidió que hiciera?

Ciertamente, lo que se me pidió que hiciera. Pero, al mismo tiempo, lo que yo mismo he querido hacer, en conciencia, porque lo consideraba oportuno. Creo que soy una persona obediente.

Usted, hombre de acción, ¿no sufrió por esta imprevista inmovilidad?

Sí y no. Todo el secreto radica en morir a ese Milingo activo, que ahora lo es igualmente pero de otra manera. A decir verdad, mis oraciones sacerdotales han adquirido un significado mucho más universal. No sólo tengo la posibilidad de dirigirlas en favor de los pocos que están a mi alrededor, sino que ahora, por la fe, mis oraciones, el breviario, el rosario y la Santa Misa se destacan como oraciones de la Iglesia. Estoy presente en cada situación que vive la humanidad que me traen los medios de comunicación y puedo participar de las alegrías y las tristezas del mundo. Y de nuevo puedo volver a escuchar también la voz interior. Lo que me había impulsado a la acción por muchos años venía de afuera. ¿No ha sido una fiebre de activismo lo que me puso en evidencia en la plataforma pública? Un día u otro de alguna manera habría tenido que descender. Si mi descenso hizo tanto ruido, las heridas que recibí son proporcionales al impacto sufrido. Pero no he sido el único que sufrió, porque muchos otros han sufrido conmigo. También ellos están curando sus heridas conmigo. Este es un período de curación para todos.

¿Cómo se sintió al término del retiro de treinta días en Castelli Romani?

Hablando con sinceridad, cuando llegué a Europa tenía la impresión de ser un cadáver flotando en el mar, restituido por el océano a la tierra: se lo escribí también a la doctora María Sung. Mi cadáver fue recuperado y ha sido devuelto a la vida. No es una comparación retórica: la muerte espiritual es muerte. Y es lo que he vivido cuando me di cuenta de que había creado grandes problemas. Ahora estoy convencido de que los esfuerzos que Dios ha hecho para devolverme al redil le han costado mucho más de lo que empleó para hacerme cristiano, luego sacerdote, y finalmente obispo.

¿Cuál fue el mecanismo que lo hizo consciente de sus errores?

Con mis experiencias espirituales no lograba señalarme a mí mismo por lo que había hecho –aunque al comienzo de todo había conciencia de querer provocar un shock–, y entonces lo hizo el Señor por su cuenta. Me señaló la última estrofa del Salmo 56: "Debo cumplir, Dios mío, los votos que te hice:/ te ofreceré sacrificios de alabanza,/ porque tú libraste mi vida de la muerte/ y mis pies de la caída,/ para que camine delante de Dios/ en la luz de la vida".

El adiós a María Sung

De aquella que fue su mujer o, más bien, con quien convivió durante algunas semanas, Mons. Milingo habla como de "una hermana". En su voz no se advierten tonos de resentimiento, ni de pasión, por lo menos es lo que nos ha parecido. María Sung es una persona que se ha cruzado casualmente en el camino, en un momento particularmente tempestuoso de su vida.

Mons. Milingo fue respondiendo a mis preguntas sobre la doctora coreana con discreta claridad, salvo en un caso. No reveló novedades sensacionales, pero pudo expresar claramente su deseo de mantenerla, de algún modo, al margen de la polémica: ella no tiene culpas, ella se habría casado con cualquiera que le hubiera sido propuesto por el Rev. Moon. Había dado, por lo tanto, con el hombre equivocado: Milingo.

¿Quién es realmente María Sung? La duda permanece.

¿Cómo llegó a dejar a María Sung?

En esos días escribí algunas cartas importantes: dos al Papa, que ya mencioné, una justamente a María Sung y otra más al Rev. Shanker, el funcionario–ministro de los Moon que nos había acompañado de Nueva York a Italia.

Querría leerle el contenido de la carta a la mujer que me fue atribuida como esposa por los *moonies*, porque me parece que expresa claramente lo que pienso. Hago la premisa de que, apenas volví a Italia, enseguida le había puesto una condición a Mons. Bertone: no había que faltarle a la caridad a la doctora María Sung, en ningún caso. El estuvo de acuerdo. Yo era consciente de tener que adoptar esa actitud con respecto a ella porque, a pesar de todo, ella se había encontrado conmigo y según el Rev. Moon ella era mi esposa y yo era su marido. No había por qué reprochárselo ni humillarla. Ella no es católica, y por lo tanto le costará más comprender a nuestra Iglesia, aunque había demostrado gran interés ante ella. Que Dios la ayude.

¿Qué dice en la carta?

Le había escrito: "Mi querida hermana María Sung: como las aguas del mar vuelven a dejar los cuerpos ahogados en etapas sucesivas, primero en la superficie de las mismas aguas, y luego las olas empujan los cuerpos a la playa, ese fue mi destino. América me depositó en la superficie de Italia. Italia me llevó a la playa de mi Iglesia, en la ciudad del Vaticano. Y aquí los míos me recibieron de nuevo y me llevaron, no a la sepultura, sino a restablecer la vida en mí. Mi compromiso en la vida de la Iglesia, a través del celibato, no me permite estar casado. El reclamo de mi Iglesia a mi primer compromiso es justo. Soy consciente de tu sufrimiento. Estoy contigo en todos tus sufrimientos, orando por ti todos los días. No sólo yo, sino muchos están contigo. La bendición de Dios te acompañará toda la vida. Sinceramente, arzobispo Emmanuel Milingo".

Por lo tanto en agosto tomó la decisión de no continuar la experiencia de convivencia con Maria Sung. ¿Esa decisión sigue siendo válida?

Es algo concluido, definitivamente.

Muchos dicen que usted la abandonó. ¿Qué responde a esa acusación?

Que no he abandonado a María Sung: Dios mismo me pidió que volviera sobre mis pasos. Dios, antes que nadie, se ocupó de mí. Yo tengo que ser fiel a lo que le había prometido. El mismo insiste conmigo para que permanezca con él.

Eso no quita que usted haya abandonado a una mujer que no tenía culpa de nada.

Estoy de acuerdo, no tenía culpa. Yo tenía culpas. Nunca debería haberme casado con ella según los ritos de Moon. Lamentablemente la cosa sucedió, y la deploro.

Volvamos otra vez, por un momento, a la crónica de esos días de agosto de 2001...

El contacto con María Sung tratamos de restablecerlo ya el 10–11 de agosto, pero no lográbamos saber dónde estaba. ¿En Milán? ¿En Roma? ¿En Londres? Fueron días febriles. Primero se fijó una cita para el 12 de agosto, con la mediación del embajador coreano, pero inútilmente. Después María Sung se volvió a presentar varias veces en conferencias de prensa y luego se mostró en oración, en lágrimas, en la plaza San Pedro. Por mi parte, estaba todo decidido, por lo tanto no quería por fuerza encon-

trarla, y no seguía las noticias del día, como dije anteriormente. Lo único que aclaré a todos es que lo sucedido no
era culpa de María Sung, sino sólo de Milingo.

En fin, ¿quería o no quería encontrarse con ella?

Digamos que no tenía un particular deseo de encontrarla, pero que al mismo tiempo deseaba aclararle personalmente lo que le había escrito al Papa y a ella directamente. María Sung decía a la prensa que yo estaba prisionero, que no era libre, que para creerme habría tenido
que escuchar de mis labios esas mismas palabras. Según
versiones periodísticas, yo la había llamado por teléfono
para decirle que no era libre. Pero no era verdad, ni
siquiera habíamos hablado por teléfono. Por eso, aunque
no tenía necesidad, quería verla: quería decirle que
Milingo había comprometido su vida en la Iglesia católica, donde había asumido una responsabilidad tan grande
que lo habían ordenado sacerdote y consagrado arzobispo. Y en esa Iglesia había servido a millares de almas que
dependían espiritualmente de él; y ellos, por medio de la
oración y los sacrificios, pedían a Dios que lo trajera de
vuelta. Y que sus tres congregaciones tenían necesidad de
él. Esto quería decirle, y nada más que esto.

Finalmente el encuentro se dio.

Como todos saben, el encuentro se concretó en un
pequeño hotel de la capital, no distante de San Pedro, el
hotel Arcangelo, en via Boezio. Finalmente habíamos
establecido un contacto serio con sus emisarios, en particular el Rev. Shanker, en el hotel cercano a Piazza
Cavour, de los Mellini, donde se encontraba María Sung.
Ella decía que no suspendería el ayuno hasta tanto no se

encontrara conmigo. No fue fácil encontrar de común acuerdo un lugar, porque incluso se temía alguna acción por sorpresa de parte de alguien.

¿De quién?

Alguno temía que los *moonies* me quisieran recuperar por la fuerza. Yo no lo creo.

¿En qué quedaron?

Al final se logró armar la cita. Se habían acordado de antemano las condiciones del encuentro. Es así como el 29 de agosto, a la hora convenida, me dirigí al lugar pre-establecido, junto con el P. Pepe. Ella ya estaba allí. La saludé simplemente, había cierta emoción en el aire, era comprensible. Había decidido que no comería hasta que nos volviéramos a ver, y entonces la invité a comer. Nos sirvieron la cena a los dos. Me disculpé porque yo ya había cenado. Hablamos con amabilidad y ella me escuchó como se escucha a un padre, mientras comía. Luego le ofrecí también mi cena, que se sirvió con gusto.

¿Aceptó fácilmente su decisión de dejarla?

Obviamente, no: ¿Cómo hubiera podido hacerlo tan ligeramente? De tanto en tanto mostraba signos de debilidad física, como de agotamiento debido al largo ayuno. Intervino entonces un médico para tomarle el pulso, pero todo estaba normal. No fue fácil para ella, lo repito, aceptar la situación; pero yo le hablé con fuerza que mi compromiso de lealtad a la Iglesia católica estaba antes que todo lo demás. Le expliqué que lo que el Papa me había dicho no era para mí un simple reclamo, sino una orden que venía de Dios.

¿El coloquio fue a solas?

Al principio había varias personas con nosotros, entre ellas dos traductoras: de su parte había una iraní que hablaba bien el coreano; por mi parte una religiosa coreana. Después hubo un momento en el que quedamos solos. La iraní, una tal Malihe Zahedi, era más que una traductora y una guardaespaldas, porque me presionaba insistiendo en que yo mantuviera los compromisos asumidos con María Sung.

¿Era una emisaria de Moon?

Seguramente. Me decía, con cierta malicia, que ellos habían recibido y seguían recibiendo muchas cartas de todo el mundo, en las cuales se decía que yo era un infiel y un cobarde. Me tragué todo, sin reaccionar, porque no valía la pena. También al escuchar lo que la misma María me decía, invitándome a continuar aquella experiencia de convivencia que habíamos comenzado. Pero al mismo tiempo reafirmé que mi primer compromiso de fidelidad, desde mi nacimiento, era con la Iglesia católica, no con los *moonies*.

¿Cómo concluyó el encuentro?

Sin más discusiones. Nos saludamos de nuevo, a ella le asomaban las lágrimas a los ojos, y yo los tenía húmedos. Para mí resultaba claro que no nos habríamos vuelto a ver. Lo que tenía que decirle a María Sung se lo había escrito unos días antes en una carta al Rev. Shanker, que le había sido entregada, pero que le quise entregar nuevamente ese 29 de agosto. También él estaba presente en algunos momentos del encuentro. Le di esa carta para que quedase documentado también para los *moonies* lo que yo pensaba. Naturalmente María Sung no paraba de llorar al saludarme, pero al final aceptó mi decisión, con dolor pero también con respeto. Le sugerí incluso que se retirara a un lugar apartado para un período de reflexión; me respondió que lo habría pensado. No es verdad, en cambio, lo que dijeron ciertas publicaciones de que María Sung habría decidido recluirse en un convento.

¿Nos puede leer la carta al Rev. Shanker?

Había escrito lo siguiente: "Gracias por todo. Estoy haciendo mi retiro de treinta días, hasta comienzos del mes de septiembre. No he visto a María Sung desde el 6 de agosto de 2001. Se nos ofreció la posibilidad de vernos en la residencia del embajador coreano, Yang Il Bae, o bien en una oficina del Vaticano. El Santo Padre, su santidad Juan Pablo II, me pidió que volviera a la Iglesia católica. Por otra parte, mi responsabilidad de sostener a mis tres congregaciones me pesa en la conciencia. No quiero escapar a mi deber hacia ellos".

A la salida ya no estaban más solos.

Lamentablemente fuera del hotel se había reunido una multitud de periodistas y fotógrafos, avisados por alguien que no había querido mantener el secreto, y que posiblemente haya obtenido alguna recompensa. No importa; a pesar de que alguno trató de seguirnos, logramos despistarlos, también con ayuda de la policía.

María Sung, en cambio, improvisó una conferencia del prensa desde la ventana del hotel.

Es asunto suyo. Sé que dijo algo sobre que me habría sostenido en mi misión, y que me había prometido vivir sola por el resto de su vida.

¿Qué sucedería si se encontrara de nuevo con María Sung?

Quizás no todos puedan comprender, y quizás alguno podría pensar todavía que Milingo, si se encontrara con María Sung, caería en sus brazos. No, de ninguna manera. ¡Tengo 72 años!

Escúcheme, yo no soy un tipo fácil, no soy un autómata, soy una persona humana. Mi decisión personal a esta altura es clara: salí por un momento de la Iglesia, ahora he vuelto. Yo he permanecido íntegro, no ha habido cambio: la experiencia que viví fue intensa y, en ciertos aspectos, dramática. Una verdadera tentación. Pero el Señor me ha vuelto a llamar. Por eso, aunque si María Sung viniera aquí ahora, yo no caería automáticamente en sus brazos, no soy para nada un autómata. ¡Que venga, si quiere!

¿Qué le diría?

Le repetiría, ni más ni menos, lo que le escribí en la carta que le dirigí en agosto: "Tu eres mi hermana". La respetaría como hermana, no como esposa.

¿Qué sintió cuando volvió a la casa de Castelli Romani después del adiós a María Sung?

Escribí una oración: "Cuanto más me esforzaba por comprender, más me sentía como empujado a una pileta de agua helada. Tus ojos se posaron en mí, y también yo he mirado los tuyos. Pensaba que eras cruel y sin misericordia. En cambio poco a poco asomó a tus ojos la calidez, un calor que disipó el frío y me procuró una sensación de consuelo que nunca en mi vida había experimentado. Estabas conmigo, Señor, en cada aspecto de la amargura del amor. Amén".

¿En esos días tuvo contacto con sus discípulos?

Los meses norteamericanos y las semanas vividas junto a María Sung dejaron ecos profundos en mucha gente. En mí, en ella, pero también en muchos que me estimaban. En los primeros días no tuve contacto directo con ellos, salvo en los encuentros que antes mencioné, en Castelgandolfo. Más tarde los contactos se reiniciaron. Pero esos ecos me llegaban también entonces...

¿Y cómo eran esos que usted llama "ecos"?

Algunos negativos, otros positivos. Los ecos retornan, podríamos decir, a dónde se han iniciado. Uno sólo debe tener la paciencia de escucharlos con atención.

¿Ecos negativos?

Si hubieran tenido influencia sobre mi persona, hoy estaría muerto, sería un don nadie. Provenían de los que apreciaban mis servicios porque resultaban útiles a sus intereses. Me amaron por lo que había hecho en su favor, no tanto por lo que yo era. Entonces, cuando partí, advertían la falta de mis servicios, no de mi persona. Se trata de hombres y mujeres que tenían expresiones como: "No nos interesas más tú, ni tus proyectos. Nos has traicionado, nos has abandonado, eres un cobarde, eres un cero a la izquierda". Su amistad se basaba sólo en un do ut des estéril, en un interés. Nunca hubiera imaginado que existiera una atención de ese tipo. No lo imaginaba hasta que no lo escuché en términos muy claros: "¡Cómo hubiéramos deseado que tú y Moon hubieran muerto antes de que sucediera esto!". Esta gente habría deseado que yo hubiera desaparecido en la nada. Otros, incluso religiosos y monjas, llegaron a decir: "Los demonios que ha expulsado se han vengado".

Sin embargo estas reacciones serían comprensibles: usted los había traicionado. Ellos contaban con usted.

Puede ser. Pero al mismo tiempo reconozco mi debilidad en la de ellos, porque también yo pertenezco a su categoría, a la categoría de las almas consagradas. Los de nuestra misma casa, aquellos con los cuales compartimos la misma mesa, a veces son los que saben hacernos sentir mal hasta la raíz de nuestro corazón. Pero puedo decir con humildad que sus declaraciones no son verdaderas: echar una mirada al infierno no equivale a ser arrojado al horno ardiente. Que vean la diferencia, si pueden.

¿Y como era este horno ardiente?

Terrible. El infierno es terrible. Me salvé al borde del abismo. Por favor no me haga decir más cosas, por favor. No me haga decir más, no lograría hacerlo.

¿Y de los ecos positivos a los que se refirió, qué podría decir?

Quedé edificado por los que supieron aceptar la humillación que les causé y la perplejidad que, en algunos casos, casi los hace enloquecer. No podían creer que ese hombre vestido de *smoking*, moñito blanco y clavel rojo en el ojal, que aparecía por televisión y se casaba con una mujer coreana desconocida, era justamente yo. Han querido comprender cómo era posible que me hubiera equivocado así. Llegaron entonces a la conclusión: "Este no es el Milingo que conocemos. No es él". Tenían razón, en cierto sentido no era yo. Se pusieron manos a la obra y han pedido al Señor: "Que pueda volver entre nosotros, a nuestra Iglesia". Hicieron también promesas para que su invocación fuera escuchada.

¿Quién rezaba por usted?

Los miembros de mis tres congregaciones religiosas, pero también mucha gente simple, personas con las que alguna vez me había cruzado en la vida y a las cuales les había hecho algún bien. Mi retorno se ha debido sobre todo a ellos, no tengo dudas. Me han tenido misericordia y su tristeza ha tenido recompensa.

¿Cómo habían aceptado, los miembros de sus congregaciones, el casamiento y la fuga de Roma?

Siento un gran reconocimiento hacia ellos, con mayor razón porque mis congregaciones son todavía muy jóvenes. La primera tiene sólo 27 años de vida: no podían ser dejados solos, porque yo soy una sola cosa con cada uno de sus miembros; estamos unidos por un cordón umbilical, como sucede entre madre e hijo, en sentido espiritual. Por eso han sufrido, han ofrecido oraciones y sacrificios, noche y día, implorando a Dios mi retorno. Siento una enorme gratitud hacia ellos.

¿Y fuera de sus congregaciones?

"No puedes imaginar la alegría en mi diócesis, a la que había invitado a rezar por ti. Nuestras oraciones fueron escuchadas". Estas palabras, dichas por un amigo, me hicieron comprender quién era yo: no era un hombre aislado, sino parte de un cuerpo. Pude probar la interdependencia espiritual que hay en la Iglesia católica. Sólo después de la muerte sabré lo que he recibido de miles de personas que han ofrecido una cantidad increíble de sacrificios por mi regreso. Para algunos mi caso fue hasta un testimonio concreto de la existencia de Dios. No sabía cuánto era amado por mis hermanos y hermanas en todo el mundo.

¿Ha vuelto a recibir cartas?

Sí, muchas cartas. Me escribe sobre todo gente que tiene necesidad de ayuda. Y yo respondo como hacía antes, diciéndoles que no se preocupen, que tengan confianza en el Señor que está cerca de ellos. Los invito a rezar, a pedirle a Dios todo lo que necesitan.

Cada jueves yo celebraba una misa pública en Zagarolo, del mismo modo, también hoy, en la misa del jueves, recuerdo en particular a toda esa gente. Pido por los enfermos, los necesitados, por los que están buscando a Dios.

Mons. Milingo, ¿qué piensa ahora del celibato sacerdotal?

Pienso que es importante mantener la tradición de la Iglesia católica, aunque esto cree no pocos problemas a muchos sacerdotes, de alguna manera en todo el mundo, no sólo en Africa. Son numerosas las culturas, en efecto, en las que el celibato es directamente inconcebible. Sin embargo pienso que éste tiene una dimensión profética que no habría que perder. Otro aspecto es el de la ayuda a los sacerdotes para mantener su estado de celibato. Creo que la mejor ayuda es una vida comunitaria.

Mnukwa

La entrevista había comenzado con algunas preguntas sobre el máximo objeto de deseos de Mons. Milingo: Africa, a partir de su infancia. Era una manera de tratar de comprender mejor de dónde venía este personaje tan incómodo para muchos, tan fascinante para otros. De cualquier manera, incapaz de dejarnos indiferentes.

Enseguida se hizo evidente cuánto sentía la falta de su país, Zambia, cuánto advertía la lejanía de su amadísima tierra africana. Sus ojos brillaban sólo al oír pronunciar el nombre casi mágico: Africa. Estoy seguro de que si hubiéramos podido medir su ritmo cardíaco, en esos momentos habrían constatado una evidente aceleración.

En varios pasajes, durante la entrevista, me dije que tal vez esta ausencia vivida por él de modo intenso y hasta visceral, una ausencia cargada de entrañable nostalgia, podía ser una de las principales claves de lectura de todas las vicisitudes que había protagonizado Mons. Milingo, desde hacía veinte años, y habían culminado con los hechos del verano europeo 2001. Ahora estoy convencido de que ni Europa ni Norteamérica se encuentran en el origen de la crisis del arzobispo, sino simplemente su Africa. Mejor dicho, su ausencia.

Todos nosotros, en Italia, pero no solamente nosotros, lo hemos visto cantar en Domenica in, el programa de la RAI y luego en el Festival de San Remo. Ha grabado también un cd con Lucio Dalla ("Gubudu gubudu" se titula) que vendió 12 mil copias. "Cosa de locos: un obispo que canta en el escenario del teatro de San Remo", han comentado muchos.

Pues bien, ¡yo no comprendo qué le pueden ver ustedes de tan extraño! Para mí es normal. He comprendido que en Europa encuentran cierta dificultad para encasillarme en sus categorías mentales occidentales. Esto es un problema, para ustedes y para mí, que debemos tener en cuenta. Yo, desde el comienzo de mi residencia en Italia, hablaba, predicaba, escuchaba a mucha gente, cantaba, danzaba, festejaba..., en fin, hacía un montón de cosas. Pero ustedes europeos tienen una idea del prestigio de la persona distinto de la nuestra. Por ejemplo, para ustedes un obispo tiene que abandonar muchas cosas que hacía antes, para entrar en su nuevo rol. Para nosotros, africanos, participar de la vida social quiere decir también cantar y danzar. ¿Por qué un obispo tendría que dejar de hacerlo? Y además, soy también entonado y me muevo bien.

¿Por qué fue a San Remo?

Me lo propusieron, y pensé que el hecho de poder presentar canciones africanas a todos los italianos podía ser un enriquecimiento, para que ustedes pudieran comprender cómo cantamos los africanos. Hacía muchos años, más de veinte ya, que vivía en Europa, y sentía fuerte el deseo de hacerlos participar de las músicas y de las canciones de mi tierra, explicarles nuestro método de cantar y de presentarse en público. No encontré razones plausibles para rechazar la invitación.

Y no la rechazó.

No veía por qué. Componer, escribir, bailar: ¿por qué una persona que llega a ser obispo no puede hacer estas cosas? ¿Por qué, apenas uno entra a Europa, tendría que ocultarse y relegar todo esto a un rincón de su vida? ¿Por qué? Yo estoy convencido de haber pagado ya muchos años de purgatorio por el sólo hecho de estar lejos de mi patria, de mi querido país.

Mons. Milingo, ¿qué es entonces para usted su tierra?

Es algo grande, grandísimo, no sé cómo explicarlo. Es una madre. Pero yo, como quiere hoy el Señor, debo desapegarme de ella, como él mismo ha hecho con su patria, dejando el Cielo, su paraíso, para venir a estar con nosotros, en la Tierra. El realizó un sacrificio enorme para amarnos. Por eso yo, que no habría podido pensar nunca en vivir fuera de Africa, ahora vivo fuera de ella, y sufro muchísimo. Pero cuando me comparo con el desapego padecido por Jesús, me digo que también yo puedo vivir lejos de Africa.

De cualquier manera en sus ojos se lee que, a pesar de todos los esfuerzos, sigue sintiendo su ausencia.

¡Oh, sí, cuánto me falta! ¡Ah, Señor mío, si me falta! ¡La cuestión es que no puedo dejar de ser africano! Para explicarle este sufrimiento, quisiera hacerle comprender cómo, cuando llego a Africa, hasta mi piel advierte que he llegado a mi país. Se abren todos sus poros. Y más todavía cuando entro en la aldea. Allí experimento plenamente la libertad. Imaginen, mi aldea está en medio del campo. A pesar de la gran pobreza que allí existe, mis conciudadanos tienen tal libertad que no conocen siquiera la policía. Si vieran a un policía caminando por la calle se quedarían sorprendidos. Porque no hay ninguna necesidad. Viven tan bien juntos en libertad, que aún hoy el sentido de la justicia y de la paz les resultan naturales. La tierra cultivable en mi aldea es amplísima: cuando llego allí enseguida me llevan a ver sus campos, felices de podérmelos mostrar, aunque yo no esté acostumbrado a caminar tanto como ellos. Y caminando en la naturaleza mi piel "siente" la libertad, se vuelve ella misma más libre.

¿Volverá a su patria?

Lamentablemente para mí no existe, todavía hoy, una posibilidad concreta de volver a Africa, a causa de todo lo que ha sucedido en estos veinte años. Soy consciente de ello y acepto esta limitación, aunque la esperanza nunca muere.

Demos un salto atrás en el tiempo, para comprender de dónde viene Emmanuel Milingo. Una breve biografía, si es tan amable.

Nací el 13 de junio de 1930, en Mnukwa, Zambia. Me bautizaron con el nombre de Lot Milingo. Es difícil remontarse al origen de mi nombre de bautismo, al motivo por el cual mi padre quiso llamarme así. Yo sólo he recibido el nombre pero no sé los motivos por los cuales lo eligieron. Lo cierto es que, cuando llegué al uso de razón, también yo me sorprendí, porque no era el nombre de un santo moderno de los cristianos, ni tampoco lo habían tomado de la tradición local: lo habían tomado del Antiguo Testamento. De cualquier manera, acepté mi nombre, Lot, al cual más adelante le agregué Emmanuel.

¿Nos puede contar algo de su tribu?

Los Ngumi constituyen una población considerada como indómita y luchadora. Sí, es una población con mucho amor propio la mía. Nosotros, cuando cantamos todos juntos, recordamos que nuestro origen se encuentra en Sudáfrica, de donde hemos partido para llegar a Zambia sólo en 1835. Una tribu de gente irreductible: hemos combatido muchas guerras en el pasado, pero hoy somos verdaderamente pacíficos.

Tomaide Lumbiwe Miti era el nombre de su madre

Era una mujer hermosísima, la recuerdo muy bien. Es innegable que tuvo sobre mí una gran influencia, sobre todo en mi infancia y adolescencia, porque cuando nací mi padre trabajaba lejos de casa, en las plantaciones de tabaco. En nuestro país, Zambia, tales cultivos son extensísimos. Sólo en nuestra región hay trescientas empresas que lo cultivan. A papá lo veíamos poco, de modo que estábamos siempre con mamá. Ella fue para nosotros el modelo de vida.

¿Y su padre?

Era la disciplina en persona. Pero también él, cuando quedó viudo, de alguna manera llenó el vacío dejado por mamá con un suplemento de dulzura hacia nosotros sus hijos. Pienso que, como siempre sucede en las tribus, nuestro padre ha sido verdaderamente un guía justo para todos nosotros. Con su comportamiento nos enseñó la dureza de la vida , no la facilidad de la existencia. Como tribu éramos gente acostumbrada a la guerra, éramos guerreros, así que nuestro padre nos enseñaba a ser varones decididos. Después se volvió más dulce, es verdad, después de la muerte de mamá. Era así con nosotros los varones, pero sobre todo con nuestras hermanas.

¿Recuerda algún episodio particular de su infancia?

Sí. Hay un episodio que ciertamente tuvo consecuencias en la vida del adulto que habría llegado a ser: caí enfermo con una forma grave de broncopulmonía que me llevó al borde de la muerte. Tendría cinco o seis años, y por lo tanto puedo recordar muy bien ese período difícil. La enfermedad hacía que me resultara dificultoso respirar.

Todavía veo a mi madre que me cuidaba todas las noches, estrechándome contra su pecho, porque no podía dormir por temor a que dejara de respirar. Se pasaba toda la noche así. Por eso más tarde compuse una canción dedicada a ella, agradeciéndole por todo lo que había hecho por mí. En ese tiempo, por ejemplo, me preparaba un alimento rarísimo: me cocinaba mucha carne, pero yo no podía comerla. Todo esto me apenaba, por ella. Pero en mí crecía una inmensa gratitud..

¿Cómo se curó?

Fue una especie de milagro. Las otras mamás, que acompañaban a la mía en ese período, vieron que poco a poco mejoraba, que todo se volvía normal, cuando todos, incluso los médicos de nuestra medicina tradicional, me habían desahuciado. Y así sané sin medicinas particulares.

¿Cuándo comenzó a trabajar?

Apenas salí de la infancia, a los ocho años, cuando comencé a llevar las vacas de la familia a pastar. Nuestra vida era difícil. Es más, tenía que ser dura, porque según nuestra tradición nos preparaba a afrontar las dificultades de la vida. Una parte de nuestra preparación consistía explícitamente en la forma de arrear las vacas en el bosque, en la llanura, incluso durante la estación de las lluvias. Era una tarea durísima. En ese período no pensaba en otra cosa que en hacer bien mi trabajo por el bien de la familia.

¿Qué aprendió en esos primeros años de vida?

A vivir junto a la naturaleza. Caminaba mucho, horas y horas, por los bosques. Tenía que controlar la manada de vacas. Así aprendí muchas cosas, como encender el fuego frotando dos piedras o dos trozos de madera. O bien tenía que vadear los ríos en la estación de las lluvias agarrándome de la cola de las vacas, lo cual era muy peligroso. En esos años aprendí a vivir. Pero también a amar a la naturaleza, con su belleza y su fuerza. Cuando estoy en la ciudad me falta ese contacto.

¿Cómo transcurrían las veladas?

En las largas noches oscuras de la aldea había aprendido a ser wosalinga, que en nuestra cultura es un rol muy prestigioso: no es tanto el que cuenta historias, como se puede imaginar, sino más bien el que entona las canciones para la danza, el que da la nota dominante para comenzar el coro todos juntos y al mismo nivel musical. Yo hice esto hasta los 12 años, cuando me inscribí en la escuela. En nuestra aldea éramos buenos para las danzas y la música, tanto que con mis amigos habíamos competido en aldeas vecinas y ganamos muchos premios..

Usted nació en una familia católica y fue bautizado apenas nació. ¿De qué se alimentaba la fe de su gente?

Tengo que decir que el cristianismo de mi familia era fuerte y simple. En nuestra diócesis se usaba el sistema pastoral de los Padres Blancos, que se ocupaban de la persona siguiendo las distintas etapas de la vida, dándole a cada nivel la instrucción adecuada para llevar una vida cristiana coherente. Por eso, a los siete años se daba la primera comunión, a los nueve la confirmación, de los 16 a los 18 era el tiempo del matrimonio, luego los bautismos de los hijos... También los adultos eran invitados a recibir cada año una instrucción catequística adecuada a la situación de nuestra región.

Cuénteme algo de su aldea.

El aspecto comunitario era absolutamente prioritario, toda la vida de la aldea giraba en torno a la vida comunitaria. Los mismos proverbios que se usaban lo confirman. Uno de ellos dice, por ejemplo, que un hombre solo no puede construir el techo de una cabaña. No digo techos grandes, de las casas de ciertas dimensiones, lo cual era evidente, sino el techo pequeño, el de las cabañas de barro. A pesar de que fuera pequeño, un padre de familia no podía armarlo por encima de las paredes él solo: necesitaba de los otros hombres de la aldea. Recuerdo que, cuando se construían nuestras casas, lo hacía toda la aldea juntos. Cuando se terminaba, nos reuníamos en el patio y se tomaba cerveza. No había que pagarle a nadie por su trabajo: bastaba beber a gusto todos juntos y alguna danza.

¿Cuándo comenzó a ir a la escuela?

A los 12 años. El adolescente Lot Milingo se encontró casi por casualidad en los bancos de la escuela. En verano las vacas pastan sueltas incluso lejos de la aldea, mientras que en la estación de las lluvias no se las puede dejar ir a cualquier parte por el peligro de que coman maíz mojado. Por eso, en la estación seca, los pastores teníamos tiempo libre y debíamos inventar algo para no aburrirnos. Por eso nosotros salíamos a cazar ratones, para divertirnos. Justamente durante una de esas cacerías alguien me dijo que existía la posibilidad de inscribirse en la escuela de los Padres Blancos. Este amigo era creíble, estaba bien informado, porque era el hijo del catequista. Fue así como me inscribí.

¿Cuándo se dio cuenta de que esa escuela era una especie de seminario menor?

La escuela Saint Mary no era todavía seminario menor propiamente dicho, sino una especie de pre–seminario. Se estudiaba allí dos años y en ese tiempo los Padres Blancos veían quién tenía las dotes necesarias para pasar al seminario menor, que duraba otros tres años. Sólo cuando pasé los dos primeros años me di cuenta de que era algo serio, una verdadera preparación para llegar a ser sacerdotes.

¿Cómo fueron los primeros tiempos de la escuela?

Naturalmente en la escuela me encontré siendo el último de la clase, porque no había abierto un libro en mi vida. Igualmente me recuperé rápido, demostrando también notable capacidad de aprendizaje, que mis profesores apreciaron. Pero a los 14 años no aguanté más y me escapé.

¿Cómo fue que sucedió eso?

El director de la escuela, junto a nuestro profesor el P. Morrisey, constataban que yo no hacía muchos progresos, sobre todo en ortografía. Por eso querían mandarme de vuelta a casa. Pero el profesor siempre me defendió, creyendo en mis condiciones, y salvando así mi vocación. Cuando, al segundo año, tuve que pasar el examen para entrar en el seminario menor, salí bien. En realidad fui a esa escuela sólo un año y medio y así recuperé tiempo con respecto a mis compañeros.

Pero volviendo a la pregunta, la fuga fue en 1944. Lo que pasaba es que la vida de la escuela no era fácil: estábamos siempre encerrados, la rutina, para mí que estaba acostumbrado a espacios amplios, era difícil de soportar. Nos sometían a rígidos controles de todo tipo. En fin, era un estilo de vida que yo sentía demasiado estrecho. Por eso ese impulso fuerte de volver a casa y de volver a ser nuevamente dueño de mi vida. Recordaba, por ejemplo, cuando llevaba a pastar a las vacas y era libre de volver cuando quería: era dueño absoluto de mi vida.

Entre las causas de esta primera fuga hay que señalar también el deseo de volver a ver a mi hermana mayor, que vivía lejos de la escuela, en otra ciudad, y que me había mandado un regalo. Esos motivos no eran ciertamente valederos, pero para mí en cambio eran muy justos, y justificaban mi fuga.

¿Qué sucedió cuando llegó a casa?

Contrariamente a lo que me esperaba, me recibieron con frialdad: mi tío, que hacía las veces de mi padre cuando él trabajaba lejos de la aldea, no aceptó que yo abandonara la escuela. Cuando papá volvió, el sábado siguiente, y preguntó por qué estaba allí y qué había sucedido en la escuela, llegó a la misma conclusión que su hermano: tenía que volver inmediatamente a Saint Mary. Así fue como papá, junto a mi hermano mayor, me acompañaron de regreso a los Padres Blancos, diciendo que tenía que quedarme allí y que no había excusas para dejar la escuela.

No quisiera equivocarme, pero todas las fugas en las que estuvo implicado a lo largo de los años, desde aquella a los 14 años, hasta la última a los Estados Unidos y los moonies, se dieron en momentos en los cuales sentía haber perdido una familia. En el primer caso la familia natural, y en el último la Iglesia, que lo había dejado solo.

Así es, podemos decirlo sin lugar a dudas. Aunque hay que considerar otro elemento muy importante para mí: la libertad. Naturalmente para mí no significa sólo libre albedrío, por más que muchas veces se piense que son lo mismo. Libertad no significa elegir el bien o el mal, sino realizarse como persona. Es el estado en el cual la persona puede elegir cómo llegar a ser hombre. Cuando falta esta libertad yo no me siento nunca en mi lugar, en mi familia.

Un gran periodista, el polaco Kapuscinski, decía que no se puede concebir al Africa sin familia y sin comunidad. ¿Usted piensa lo mismo?

Ciertamente. Y observándolo bien, la razón por la cual hoy Africa se ve reducida a la gravísima situación que conocemos es precisamente esa: han destruido su vocación comunitaria, el ser comunidad; no el comunismo, entiéndase bien, sino el ser comunidad. En Africa la familia extendida tenía una gran influencia sobre el tribalismo, y éste sobre la nación, que de ese modo podía ser regida precisamente como una comunidad, como una familia muy grande. En un tiempo todos querían reunirse, poner en común todo lo que tenían. Hoy muchas veces ya no es así. El individualismo ha llegado también entre nosotros. ¡Y pensar que Africa podría ser un paraíso!

¿Supo, el cristianismo, encontrar su vía africana?

Se dice que hay que trabajar para encontrar la evangelización justa para el continente africano, la justa "inculturación". Yo pienso, en cambio, que finalmente vamos por el buen camino. La Iglesia, bajo el impulso de Juan Pablo II, está proponiendo en estos últimos años una "nueva evangelización", que consiste no sólo en hablar del Evangelio, sino en vivir sus palabras. Esta creo que es la clave indispensable para llevar la Buena Nueva también al Africa: anunciar el Evangelio y vivirlo. La Biblia habla muy a menudo del Espíritu Santo, de la necesidad de tenerlo con nosotros para ser cristianos. Basta recordar los episodios de Zacarías y de Isabel. Quien tiene que predicar hoy, también y sobre todo en Africa, tiene que estar lleno de Espíritu Santo. Sólo así se puede desarrollar una obra de verdadera evangelización. De lo contrario somos gente que habla en vano.

Alguien, hace unos años, llegó a decir que si Jesús volviera hoy, nacería africano. ¿A usted qué le parece?

Es difícil decir algo semejante, aunque quien lo haya dicho seguramente tendrá sus buenas razones. Pero yo no estaría de acuerdo, porque Jesús, en cuanto Hijo de Dios, no puede cambiar su naturaleza. El pertenece a todos, al desarrollar su misión no puede limitarse a una nación, ni siquiera a un continente.

Si Jesús nació judío, es porque eligió al único pueblo que le habría permitido comunicar a todo el mundo su mensaje, al mundo conocido que en esa época se limitaba a la cuenca mediterránea o poco más que eso. Volver a un lugar determinado ahora significaría destruir todo el trabajo de la salvación que Jesús ha llevado a cabo en el mundo en dos mil años de cristianismo.

Obras de caridad

Desde las primerísimas preguntas se hizo evidente la simplicidad marcadamente africana de la personalidad de Mons. Milingo, de su inmediatez. Pero también de su complejidad. Mejor dicho, de las distintas facetas que la componen. Un hombre que no puede dejar indiferente a su interlocutor, no tanto y no sólo porque realiza curaciones o echa demonios —el tiempo que estuvimos con él no hizo nada por el estilo porque, además, como nos dijo entre serio y risueño, "en esta comunidad argentina todo es tranquilo, la gente es feliz y no hay demonios dando vueltas, porque donde está la caridad está Dios en persona, y por lo tanto el diablo no tiene libertad de movimientos".

Milingo dice que verdaderamente quiere vivir por los demás. En cierto sentido, ésta es una constante de su vida, la única que nunca desaparece. Por eso ha fundado tantas obras caritativas y ha recibido muchas donaciones: tiene una capacidad natural de involucrar a la gente a hacer el bien. Sin embargo, nunca retuvo nada para sí mismo, ateniéndonos por lo menos a lo que él dice.

Naturalmente las curaciones, las expulsiones de demonios, las liturgias originales, todo parece hecho para mostrarlo como un hombre poco confiable, voluble, incapaz de atenerse a reglas. Un arzobispo que, en lugar de escribir documentos pastorales, se va a cantar a San Remo, cura enfermos y echa demonios. Original. Para algunos, demasiado.

Navengando en Internet pulsé en un motor de búsqueda el nombre "Emmanuel Milingo". Descubrí que mucha gente usa su nombre para fines más o menos lícitos, muchas veces para recolectar dinero. ¿Está al corriente de esto?

No. Prefiero ser ignorante de Internet. No deseo aprender, como nunca he usado tampoco la computadora.

¿No le molesta que se use su nombre ilícitamente?

Realmente no estaba al tanto de esa gente. Muchas cosas han sido falsificadas por los periodistas, que me han perseguido por mucho tiempo, hasta que mi nombre ha terminado presentándose como insignia de un potentado económico. Me han dicho que muchos lo usan, pero yo no quiero acusar a nadie porque lo usan. El nombre Milingo no es... mío.

Volvamos al relato. Pasemos al origen de su vocación sacerdotal y de su propensión a la generosidad.

Pues bien, en septiembre de 1949 se concretó mi paso al seminario verdadero, el de Kachebere. Por primera vez en mi vida dormí en una cama de verdad.

En ese tiempo, ¿estaba convencido de su vocación?

En ese momento sí, finalmente estaba convencido. Tenía sólo 19 años pero, por todas las enseñanzas recibidas en el seminario menor –en el que estaba desde 1944–, había comprendido lo que tenía que hacer de mi vida. El Señor me había llamado a seguirlo. Por eso pasar al seminario mayor fue en cierto sentido una confirmación: era la promoción a un grado superior en la conciencia de persona que desea seguir a Jesucristo en el sacerdocio.

¿Cómo era la vida del seminarista Milingo?

Durante esos ocho años la vida, en muchos aspectos, no ha sido nada fácil, desde los pocos medios con que contábamos hasta los horarios, desde la disciplina hasta la falta de vida social. Al mismo tiempo esa era la vida que tanto habíamos deseado y de la que habíamos aprovechado plenamente para aprender lo que era útil para ser sacerdote, especialmente filosofía, teología, espiritualidad y otras materias que se nos enseñaban. Por otra parte estaba la experiencia comunitaria, bajo la guía del rector: era una vida muy alegre. El director espiritual nos indicaba de manera muy eficaz cómo hacer para avanzar en nuestra preparación al sacerdocio.

Sabemos que usted actualmente desconfía de los periodistas, y ya hace casi un año que no quiere hablar con ellos. Sin embargo, si no estoy mal informado, usted mismo entró a formar parte de nuestra categoría ya en los tiempos del seminario.

Es cierto, en Kachebere fundé una revistita titulada The spark, La chispa. Mucho más adelante fui también nombrado secretario de la conferencia episcopal para los medios de comunicación.

Muchos se asombran por su gran capacidad comunicativa. ¿Por qué le resulta tan importante comunicar?

Cuando fundamos The spark, los nueve que integrábamos la clase del seminario nos habíamos repartido las

118

tareas para aprender materias insólitas, que no estaban previstas en nuestro programa de estudios. Era importante, en efecto, que más allá de las materias clásicas de enseñanza, tratáramos de aprender también otras disciplinas que nos habrían resultado útiles en nuestra tarea pastoral. Además queríamos que cada uno de nosotros aprovechara de los conocimientos del otro. En ese período, por ejemplo, yo había comenzado a estudiar algo sobre la comunicación, así que a través de esa revistita, que pronto se convirtió en la revista de todo el seminario, también mis ocho compañeros se iban formando. Naturalmente nuestros superiores estaban al tanto de esta actividad, y la bendecían. Quizás no por casualidad, años más tarde, recordaron ese boletín cuando me pidieron que trabajara para las comunicaciones sociales en Lusaka.

¿Qué es la comunicación para mí? Ya desde el seminario tuve conciencia de su importancia para transmitir el amor del Evangelio y para ayudar a la gente a vivir mejor. Esas son, para mí, las únicas razones de mi interés por los medios.

Una de las acusaciones más frecuentes que se le han dirigido en estos últimos años es la de haber estudiado poco o nada.

Las materias que he cursado son demasiadas en mi currículum, no las recuerdo a todas. Cuando estaba en el seminario mayor había estudiado por correspondencia con un instituto universitario de Oxford, en particular con los jesuitas que dictaban ciencias sociales y Doctrina social de la Iglesia. Así estudié la *Rerum Novarum*, la *Quadragesimo anno* y otros documentos. Concluido el seminario en Zambia, adquirí un certificado en *Trade unions*, que podríamos definir "sindicalismo". Luego estudié también "materialismo dialéctico" –era el primero de la clase–, no porque compartiera la ideología, sino porque me habría sido útil en mi servicio a la Iglesia: ahondé en el estudio de Hegel, Marx y Engels.

¿De todo un poco?

Pero ahí no termina. Luego me enviaron a un colegio pontificio en Roma, al enterarse de todos los estudios que había seguido. En Roma, en un instituto de la Gregoriana, hice sociología pastoral, siempre con referencia a la Doctrina social de la Iglesia. Después me enviaron a estudiar incluso a Dublín, donde hice pedagogía. Pero ahí no termina. De nuevo en Zambia, estudié por correspondencia con una universidad de Sudáfrica, la de Kemp, derecho internacional, economía y otras materias. Si ahora puedo hablar de tantas cosas se debe también a que he estudiado largo tiempo distintas materias.

En 1961 usted llegó como estudiante a Roma. ¿Cuál fue el impacto?

Era un sacerdote recién salido del horno, ingenuo quizás, pero animado por un gran compromiso. Es verdad, mis compañeros se sentían muy atraídos por la ciudad, por su historia, su arte, los monumentos. En cambio yo me concentré en realizar lo que mis superiores esperaban que hiciera. Nunca perdía tiempo en andar por la ciudad, sino que estudiaba, estudiaba, estudiaba siempre. De manera que cuando llegaban los exámenes estaba muy bien preparado: recuerdo que mis compañeros repasaban los libros hasta la puerta del aula donde estaba la comisión examinadora, porque no estaban preparados. Yo no, porque había estudiado. Salí bien en todos los exámenes, mejor dicho, muy bien. No dejaba de ser consciente de que Roma era uno de los centros del arte mundial, pero lo era también de la ciencia. Yo privilegié este segundo aspecto, para poder volver a casa con algo importante en las valijas.

¿Y cómo fue el impacto con el Vaticano?

Quizás le sorprenda, pero fue extremadamente simple. Me impresionó la grandeza del Papa –en ese entonces era Juan XXIII–, que me pareció impactante mientras atravesaba la basílica de San Pedro llevado en su silla gestatoria. Más que la teología que me enseñaban, me atraían la liturgia y las ceremonias, los cantos maravillosos, los grandes candelabros, las iglesias llenas de sacerdotes, la grandeza del Papa. En fin, me impactaba que Roma y el Vaticano eran el centro del catolicismo y del cristianismo.

Y volvió a su diócesis de Chipata luego de sus estudios en Roma y Dublín.

Una época muy feliz, porque había vuelto a casa enriquecido con esos conocimientos que tanto había deseado. Ahora se trataba de ponerlos en práctica en mi tierra, a favor de mi gente, para difundir también entre nosotros el cristianismo. Sentía dentro como una gran urgencia de "traficar" lo que había aprendido. Quería compartirlo con la mayor cantidad posible de gente.

¿Trabajaba en una parroquia?

Si, pero no me conformaba con ser un simple "distribuidor de sacramentos". Entonces fundé una escuela, la *Kapata Adult Liberacy School*. En 1964 nuestro país se había independizado, pero veía que muy poca gente estaba alfabetizada: la mayor parte de la población vivía en la ignorancia. Esto era intolerable; quería rebelarme a este estado de cosas. Tenía que encontrar el modo de enseñar a leer y escribir a la mayor cantidad posible de personas. Entonces inventé un método de alfabetización que duraba sólo un mes. ¡Los resultados eran espectaculares! Por eso comencé a moverme para involucrar a otras instituciones en mi proyecto, y para recoger los fondos necesarios para fundar una escuela. Así es como nació la *Kapata Adult Liberacy School*.

¿En qué terminó la aventura?

El obispo se dio cuenta –y tal vez tenía razón– de que yo dedicaba casi todo mi tiempo a esta escuela de alfabetización, tanto que me pidió que no me ocupara más de ella. Entonces me llamó para decirme que tenía que ir a trabajar a Lusaka.

¿Ya entonces comenzaron las prohibiciones?

Se ve que soy un tipo que las atrae. Tal vez amo demasiado la libertad.

¿Y qué sucedió?

Estábamos en 1965. Me confiaron la tarea, como ya dije antes, de secretario de la conferencia episcopal para las comunicaciones sociales. Me afligió mucho porque, volviendo de Europa, había tratado de compartir con el pueblo de mi diócesis todo lo que había aprendido. Pero ser promovido de este modo a la capital era algo que me quedaba grande. Además tenía que dejar mi Iglesia. En mi ingenuidad había pensado que, al ser sacerdote diocesano, habría permanecido siempre en mi diócesis.

¿Cómo fue la transferencia al nuevo destino?

No fue fácil, porque tenía que trabajar de un modo distinto, pasar mucho más tiempo en la oficina, en un ambiente que no conocía y en el que no me sentía a gusto, porque venía de afuera. Ya entonces comencé a darme cuenta de lo que significaba la obediencia. Por ella tenía que dejar los frutos positivos que había visto nacer a mi alrededor: había logrado crear un clima de gran amistad y cooperación en la diócesis, clima que no existía antes de mi llegada de Roma y Dublín. Pero ahora tenía que dejar todo eso y comenzar de cero a ocuparme de la radio, de las revistas, de las comunicaciones sociales.

¿Cómo trabajaba en este campo?

En esos años no sólo traté de suscitar iniciativas en el campo de los medios de comunicación, sino que yo mismo, en primera persona, me convertí de alguna manera en una "*star*" de las radios locales.

¿Ya entonces cantaba?

Sí y no. Cantaba, sí, pero sobre todo había armado un programa que comentaba la actualidad del momento en el país: *Discussions*.

Yo producía el programa por cuenta del gobierno, aunque las radios eran de la Iglesia. En ese programa hablaba simplemente de los problemas que había en todo el país, pero de los que nadie hablaba y que muchos, incluso ministros, no conocían.

¿Cómo por ejemplo?

En una ocasión relaté las vicisitudes de un grupo de prisioneros que habían permanecido por 90 días en la cárcel sin ser juzgados. Hablé extensamente en la radio, tanto que estalló un escándalo y esas personas fueron liberadas. En ese tiempo era una star no tanto porque cantaba –lo habría hecho mejor más adelante– sino porque era una persona que no quería ocultar los problemas de país. Había organizado, es cierto, un coro que dirigía con gran pasión, pero no cantaba mucho en público.

Kalingalinga. ¿Qué sentimientos despierta en usted este nombre?

Era el barrio más pobre de la ciudad de Lusaka, la bidonville, barrio de emergencia, donde iba a parar todo el que no tenía casa en la capital, o no contaba con personas dispuestas a hospedarlo. Esa gente construía allí su casa, su tapera, lógicamente en forma abusiva. El gobierno colonial británico toleraba esa situación, pero no hacía ningún esfuerzo por mejorar sus condiciones de vida. Es así como en ese barrio encontré una miseria muy grande, una pobreza extrema, con una precariedad sanitaria e higiénica de terror. No podía quedarme de brazos cruzados, Dios quería que hiciera algo. Me arremangué para ayudar, darles agua potable, un mínimo de higiene, de medicinas.

Se podría decir que realizaba un doble servicio.

Por la mañana me vestía elegante, para trabajar en las hermosas y dignas oficinas de la diócesis, y por la tarde me ponía un mameluco y cambiaba de oficio. Era difícil conciliar estos dos servicios, pero era posible porque, siguiendo la costumbre de los ingleses, nuestro horario de trabajo concluía a las cuatro de la tarde. Por lo tanto a esa hora dejaba mi puesto de trabajo en la conferencia episcopal y me dirigía inmediatamente a Kalingalinga. Para mí era difícil ser como uno de ellos, descender hasta el nivel de su pobreza; pero por lo menos trataba de vestirme un poco menos elegante que a la mañana. De lo contrario me habrían considerado sólo como un inspector y no uno de ellos. Poco a poco traté de comprender qué podría hacer que resultara útil para estos hermanos y hermanas de Kalingalinga.

¿Qué hizo, entonces?

Puse en marcha las "clínicas móviles" y la "*Zambia Helper's Society*". Realmente quería llevar ayuda a los pobres del barrio que ya había adoptado como mi segunda patria. Por eso había comenzado a dictar conferencias, invitar personas y proponer proyectos, para que se comprendiera que había que ayudar a esa gente. Muchos querían hacerlo, pero pocos sabían cómo podían ser útiles. Yo mismo anduve recogiendo limosna para esos pobres. Así nacieron entonces las "clínicas móviles", simples automóviles equipados como para garantizar un mínimo de asistencia sanitaria a las personas que vivían en Kalinalinga, y luego en otros barrios semejantes. En ese tiempo ni el gobierno ni la municipalidad tenían interés de construir un verdadero hospital en ese lugar. Por eso me puse a trabajar para conseguir los automóviles y las enfermeras y organizar estas "clínicas móviles". Al final el gobierno nos dio las medicinas. Actualmente hay cuarenta barrios en los cuales se ha desarrollado esta modalidad de asistencia sanitaria de base.

¿Cómo hacía para seguir todas estas actividades?

Me convertí en uno de los más jóvenes fundadores de congregaciones en el mundo. En 1969 ya había iniciado dos congregaciones, una de varones –los Hermanos de San Juan Bautista– y una de mujeres –las Hijas del Redentor–. Ante las necesidades de la gente había que multiplicarse. Por eso, en 1969 fundé las religiosas y, más tarde, en 1978, los religiosos. La finalidad de la primera fundación era simple: estar presentes en la sociedad,, para poder hacer el bien a mucha gente, llevarles la bondad de Jesús, explicar que es necesario creer que Dios es bueno. En fin, con esa congregación de hermanas quería subrayar, de alguna manera, la presencia de Jesús en el mundo.

En 1978 la situación era muy distinta: en Zambia había sólo 800 mil católicos, por lo que la finalidad de la segunda congregación fue la de predicar y preparar el camino al Señor, como había hecho Juan el Bautista.

¿Quién le daba el dinero?

Mucha gente decidía ayudarme, generosamente, al oírme predicar. Pero yo nunca tuve nada para mí, y daba todo a quien lo necesitaba. La gente comprendía que la generosidad era necesaria para ser lo que debo ser. Para "ser" debo compartir mi vida con los demás. En esa perspectiva fundé mis tres congregaciones, para multiplicar la generosidad. ¿Cómo podía yo, por mí mismo, solo, estar presente en tantos aspectos de la vida de la gente? La tercera congregación, fundada en 1985, es de alguna manera la síntesis de las anteriores, porque el amor es lo máximo del Evangelio en el mundo. Como hizo Teresita del Niño Jesús, una santa que quiero mucho, también por su generosidad total. Pero la generosidad no la suscité sólo con las congregaciones. Hubo muchos laicos que siempre me han ayudado, y por los cuales siento una enorme gratitud.

¿Qué es ese amor del cual tanto habla?

Es Dios mismo. Por eso el amor es esencial, porque "ser" es "ser amor". El mismo Jesús dijo, refiriéndose a Judas Iscariote, que es mejor no nacer antes que no tener amor. Si uno no tiene amor, ¿para qué existe? No tiene un destino, no tiene una finalidad, no puede crecer, no tiene nada. No se puede decir que no sea digno de vivir, esto no, pero, ¿qué sentido tiene su vida?

Arzobispo y sanador

A medida que avanzábamos en la conversación y nos íbamos acercando a los problemas más urticantes, me daba cuenta de que en Mons. Milingo se acentuaba cierta inquietud, si bien contenida. Sus manos se volvían más movedizas de lo habitual y su manejo de la lengua italiana –lengua en que lo entrevistábamos– perdía soltura.

Lógicamente, cada vez que motivos de filmación nos obligaban a repetir una pregunta, las respuestas resultaban siempre distintas, dando cuenta de una forma de razonar no ciertamente cartesiana. Sin embargo, al transcribirlas, me di cuenta cuánto se complementaban unas con otras y sólo en algún caso eran contradictorias, adecuadas para ponerlas una al lado de la otra, lo cual finalmente hice en este libro–entrevista.

De igual manera noté una cierta reticencia del arzobispo a extenderse en algunos argumentos que probablemente en otro momento habría encarado más frontalmente, como por ejemplo las acusaciones de haberse excedido en ciertos aspectos de las celebraciones de sanación y de exorcismo, en no haber sabido establecer relaciones justas con el Vaticano y con la Congregación para la doctrina de la fe. ¿Tal vez Mons. Milingo no quería arriesgar comprometiendo con declaraciones no sopesadas su nuevo equilibrio?

Igualmente, hubo preguntas que quedaron sin respuesta: ¿por qué, por ejemplo, esas reiteradas dificultades entre Mons. Milingo y el Vaticano? ¿Por qué una estructura com-

pleja, y a veces rígida, como la de la Iglesia católica, no logra contener las exhuberancias de miembros que se salen un poco de lo común? ¿Cómo es posible que no se logran valorar mejor los distintos carismas, incluso los menos comunes, pero igualmente evangélicos? ¿Cómo es posible que a Mons.. Milingo, sobre todo, se lo haya dejado solo en el momento más difícil de su crisis, en el momento de la exasperación provocada por las humillaciones a las que se lo había sometido? ¿Por qué se lo dejó durante tanto tiempo a merced de amigos, consejeros y benefactores propensos a una ruptura con la Iglesia católica, que lo exaltaban como si fuera un extraordinario profeta de estos tiempos, un gran carismático, un santo canonizado en vida?

En 1988, en Roma, usted padeció un malestar cardíaco. ¿Puede describirnos el contexto?

Era una época en la cual, a las misas que celebraba, asistían miles y miles de personas. Habían encontrado los salones de un gran hotel en la ciudad que podía contenernos a todos. Pero yo lamentaba que no nos reuniéramos en una iglesia. Hasta que logré el consentimiento para celebrar en la basílica de San Pablo extramuros. Parecía que todo marchaba como debía, incluso habíamos impreso volantes y afiches. Ya estaba en la sacristía, cuando me avisan que las autoridades eclesiásticas romanas impedían esa reunión: Milingo no estaba autorizado a celebrar en esa basílica y en esa fecha. No hubo nada que hacer, traté de ponerme en contacto con el cardenal Casaroli, mi principal referente en el Vaticano, pero estaba participando de una reunión de alto nivel. Así fue como me vi obligado a mandar de vuelta a sus casas a 15 mil personas, con el corazón a pedazos por esa pobre gente que sólo quería orar conmigo. En esa ocasión padecí graves trastornos cardíacos, que a decir verdad, ya no me han abandonado del todo.

¿Eran misas de sanación o de exorcismo?

Eran misas, punto y basta. Por cierto, durante esas celebraciones, mientras la oración era intensa y devota, se verificaban fenómenos de curación y mucha gente se sentía liberada de distintas opresiones. Pero, de cualquier manera, eran siempre misas.

Volvamos atrás, a 1973. En esa fecha usted ubica el inicio de su atención a los enfermos y a los poseídos. ¿Nos puede contar cómo sucedió?

Era obispo y era cristiano. Estaba cansado y confundido por tanta actividad, tanto que quise participar de uno de esos retiros espirituales a los que luego acudiría muchas veces. Fue un período muy importante, porque comprendí mejor cuáles eran las tres tareas de los apóstoles de Cristo, tal como se las describe en los Evangelios: predicar el Evangelio, curar a los enfermos y echar a los demonios. Estos tres elementos debían ir juntos: no había que predicar solamente, sino también curar a los enfermos y echar a los demonios. Comencé a comprender que tenía que ayudar a los necesitados no sólo con homilías y sacramentos, sino también de otro modo: aliviando sus ansiedades, angustias, preocupaciones, enfermedades. Comencé a orar con la gente precisamente por estos objetivos, y comencé a constatar muchos signos positivos: alguno que se curaba, ¡y se curaba de verdad! La noticia de estos hechos de difundió rápidamente en mi país y mucha gente comenzó a venir a verme en busca de ayuda.

¿Hubo algún episodio particular que le llamó la atención en ese momento?

En 1973 había venido a Roma para participar de un retiro espiritual predicado por el P. Lombardi, en su Mundo Mejor. Allí advertí de nuevo, esta vez con más claridad, lo que antes comenté, es decir, que no sólo debía predicar el Evangelio. Entonces ya era obispo. ¡Había necesitado tanto tiempo para comprender algo tan simple! Volviendo a casa, en el mes de octubre, me sentí confirmado en la opción que había hecho: mucha gente estaba mejor y, sobre todo, se había acercado a la vida del Evangelio y había vuelto a encontrarse con Dios.

¿Recuerda la primera curación de la cual fue testigo?

Sí, la recuerdo como si fuese ayer. En Lusaka había una mujer muy enferma, piel y huesos. Sentía un odio profundo por su hijito, que se manifestaba en un terror sin sentido ante la criatura, a la cual consideraba como un animalito. El 13 de abril de 1973, precisamente cuando estaba comenzando a afianzarse en mí la conciencia de la misión que debía cumplir, me la trajeron. Traté de comprender qué era lo que le afectaba así, y se me ocurrió que podía estar poseída por el demonio. El 13 de abril había leído en el Evangelio de Mateo una página extraordinaria: Jesús llamó a sus doce discípulos y les dio el poder de expulsar a los espíritus malignos, de curar todas las enfermedades y todos los sufrimientos. Bendije entonces a esa mujer, invoqué a la Trinidad y advertí que tendría que mirarla intensamente a los ojos, y que ella tenía que hacer lo mismo. Así lo hice. La mujer después se quedó dormida, y yo oré intensamente. Cuando se despertó dijo que se sentía finalmente liberada de la esclavitud que la oprimía desde hacía meses. Recuperó la vida normal. El episodio causó sensación en Lusaka.

¿Se repitieron otros episodios de esa naturaleza?

Sí, cada vez con más frecuencia.

¿En qué se convirtió para usted el Evangelio con ese episodio?

Se volvió aún más toda mi vida. Venía a verme un enfermo y yo oraba ante Dios: "Señor, escúchame, tú mismo has oído lo que este hermano mío te ha dicho. Ahora eres tú el que tiene que realizar lo que te pide; eres tú quien puede darle lo que necesita". Para mí el Evangelio era todo.

Hablemos un poco de Satanás, del demonio, del cual dicen que usted es un "experto". ¿Es justa esta definición?

No, de ninguna manera, eso no se puede decir. Se puede decir que he sido exorcista, eso sí. Si fuera un experto, yo mismo tendría que estar de alguna manera de acuerdo con el demonio. Diría más bien que yo he podido echar a los espíritus malignos, en nombre del Señor, como el mismo Jesús nos ha enseñado. Comencé a hacerlo en 1973, precisamente en una época en la cual un buen número de teólogos –aunque nunca los Papas, nunca el magisterio– ponían en duda la existencia misma de Satanás. En esa época yo veía, en cambio, que precisamente él era el causante de muchas enfermedades y molestias psicofísicas que afectaban a muchas personas.

¿Puede contarnos un episodio?

Hay muchos, muchísimos. Recuerdo el caso de una mujer que no podía tener hijos y por eso temía ser abandonada por el marido. En África casi no se concibe una pareja sin hijos, es muy difícil. Entonces oré sobre esa mujer, que llegado un momento comenzó a gruñir, como un unimal. Se puso incluso de cuatro patas y saltaba como poseída por espíritus malignos. Trataba de agredirme, pero no lo lograba, porque Dios me protegía. Después, de improviso, se dejó caer al suelo. Durmió por un tiempo, exhausta. Luego despertó. Esta mujer más tarde tuvo un hijo, que yo mismo bauticé.

Y entonces su excelencia se volvió una celebridad.

En efecto, los fenómenos de curación y de expulsión de los espíritus malignos se multiplicaron, y la fama de estas obras llegó rápidamente incluso a Europa. Viví episodios dramáticos, tanto de curaciones (leucemias, tumores, extrañas formas de deterioro...) como de expulsión de espíritus malignos (gente que profanaba los cementerios, personas que se consideraban enviados de Satanás, hombres y mujeres que se decían víctimas de maleficios...). Sí, comencé a ser bastante conocido, demasiado quizás.

¿Qué sucedía en usted cuando realizaba una curación?

Nada, no advertía absolutamente nada. El que estaba enfermo se curaba, mientras que mi parte consistía sólo en la oración, en el hecho de que Jesús mismo había dicho de curar y echar demonios en su nombre. Nada más que eso. Con esta actitud, yo seguía orando, sin dejarme influenciar por lo que sucedía ante mis ojos. Yo oraba y basta. Y los enfermos sanaban; pero yo no sentía que ellos se estaban curando. Sin embargo advertí claramente que ese era mi camino.

¿Usted piensa que Dios escucha siempre sus oraciones?

Sí, aunque no siempre la curación se dé. De alguna manera Dios, en su amor, que no siempre se comprendía, escuchaba las oraciones, mías y de quien tenía necesidad, y actuaba en su favor. Dios siempre hace así.

Volvamos un poco más atrás, a 1969, un año crucial para usted.

Ese año llegó la noticia que nunca me hubiera imaginado: el nombramiento de obispo. Es más, de arzobispo de la capital, Lusaka. Mis primeras reacciones fueron, creo que lo puedo decir, terribles. Perdí la paz interior. Tenía la impresión de que, de algún modo, se destruía la aspiración de mi juventud, es decir, la de ponerme al servicio de mi pueblo, del vecino.

En ese momento me ocupaba de las comunicaciones sociales y, entre otras cosas, ya había obtenido en 1967 un diploma por correspondencia de *script writing* en el *World Council of Churches* de Nairobi, precisamente en el campo de la radio.

Ese año había ido, además, por unos meses a Dublín, para estudiar programación televisiva. Volviendo, estaba tan entusiasmado de poder usar esos importantes medios de comunicación al servicio del Evangelio, que cuando me propusieron ser arzobispo caí de las nubes. Hubiera deseado todo, menos ser arzobispo. Pienso que de ese modo me obligaron a crecer a la fuerza, mientras que tal vez debía crecer más naturalmente

Ese nombramiento parece que venía directamente por voluntad del papa Pablo VI.

Sí, es verdad. Para mí era un gran honor. Sin embargo, me sentía demasiado joven e inexperto en ese rol. Sí, tal como le digo. Naturalmente, todos se asombraban de que no aceptara esa promoción con orgullo, o por lo menos consciente de lo que significaba. Pero yo no me consideraba a la altura.

¿Qué recuerda de la ceremonia de toma de posesión de la diócesis?

Como ya dije, no pertenecía al clero de la diócesis de Lusaka. Por eso todo lo que me sucedía me parecía extraño. Además, había sido formado en un método pastoral, el de los Padres Blancos, que no tenía nada que ver con el de la diócesis de la capital, que usaba en cambio el método de los jesuitas, que igualmente me merecía gran respeto. Por eso me encontré un poco incómodo. ¡Nunca, jamás, habría sospechado que me habrían pensado como arzobispo de la diócesis! Me preguntaba, un poco angustiado, qué me estaba sucediendo. Me sentía ignorante.

¿Cuáles fueron sus primeros pasos como obispo?

Una vez que tomé posesión de mi nueva diócesis, seguí ocupándome de mis tareas de secretario de los medios de comunicación social y "protector", si se me permite, de mis pobres de la periferia. Alguien insinuó que era "poco digno" llevar a cabo esas tareas siendo arzobispo, porque además en el campo de la asistencia a los necesitados ya trabajaba la San Vicente. Pero yo sentía que a esos pobres bien determinados nadie lograba llegar.

¿A usted qué le parecía que tenía que hacer un arzobispo?

Confieso que en esa época no sabía cómo se tenía que comportar un obispo. Pero también es cierto que ni siquiera muchos sacerdotes de la diócesis sabían qué habría podido hacer por ellos y por los fieles. Estaban acostumbrados, en efecto, a tener un obispo blanco. Es decir, que la ignorancia era recíproca. Y esto creó desde el principio una dificultad en la comunicación entre nosotros, y quizás ya allí nacieron los primeros problemas que años más tarde harían que me convocaran a Roma.

Algunos, en esa época, criticaron también sus aperturas litúrgicas.

Sí, fue después del Concilio, cuando tomé la decisión de integrar en las celebraciones algunos elementos más vinculados a nuestra cultura nativa. Por ejemplo, ya había traducido en música y lengua locales varias partes de la misa, como el *Sanctus*, el *Gloria*, el *Kyrie*. La música la componía yo mismo. Además, en los coros de las parroquias había favorecido el uso del tamtam, algo más que natural hoy día. Por otra parte, poco a poco, en las celebraciones había introducido también danzas, especialmente para la procesión del ofertorio. Así me parecía que la misa se acercaba más a la gente.

Pero estos elementos locales, que rápidamente se volvieron populares en todo el país, suscitaron también reacciones en distintas partes, sobre todo en el clero, porque introducían en las celebraciones elementos que no respetaban el clima de oración que habría debido mantenerse durante la liturgia. De modo que ya entonces llegaron a Roma cartas de protesta escritas por sacerdotes de mi diócesis.

Quiere decir que el clero de la diócesis no lo aceptó...

Esas cartas de denuncia eran un signo. No compartían los modos justamente no ortodoxos que, según ellos, usaba en mi misión pastoral, lo admito, un poco original. Tanto es así que fui invitado a Roma. El 17 de abril de 1982 comencé una larga estadía en la casa de los padres Pasionistas, en Celio, un lugar estupendo, pero que me quedaba estrecho. Me sentía como en una prisión, y todos esos prelados que tenían que discutir mi caso me parecían no más que fríos burócratas, no hermanos en el sacerdocio y el episcopado. No lograba dormir. Afortunadamente comencé ese período con un retiro espiritual. Sabiendo que había sido invitado a Roma por la Santa Sede, para verificar lo que se decía de mí, apenas llegado, hice ocho días de retiro y esta base inicial me liberó de todo temor y de cualquier rencor que pudiera tener por quienes me acusaban. En el convento de Celio estuve por un año y tres meses, habiendo superado toda amargura. Así es como me convertí en parte integrante de la comunidad de los Pasionistas, atentos y amables conmigo.

¿Qué argumentos se afrontaban en los coloquios del Vaticano?

Con los que estaban encargados de seguir mi caso —esa especie de proceso se desarrolló en Propaganda FIDE— se hablaba de mi misión de sanador; de lo que sucedía durante las celebraciones litúrgicas, en particular cuando invocaba que descendiera el Espíritu Santo sobre los presentes; de la utilización no correcta, según algunas cartas anónimas, de los fondos de la diócesis. Por lo que se refiere a esta tercera acusación, realmente falsa, que lamentablemente provenía de algunos sacerdotes de mi diócesis, tengo que agradecer a Dios que me haya dado una buena memoria, porque recordaba perfectamente –dólar por dólar–, todas las donaciones, todas las entradas y todas las salidas de la gestión financiera de mi diócesis. Tanto que, quienes me estaban estudiando, pronto llegaron a la conclusión que el argumento de los fondos desaparecidos no era de ningún modo un problema. Con respecto a los otros dos temas en discusión, simplemente traté de demostrar que lo que hacía lo realizaba sólo en nombre del Señor; que no era ciertamente espiritismo.

¿No desarrollaba ninguna actividad pastoral en ese período?

Después de unos meses, aunque trataba de no hacer nada que turbase el orden del convento, veía que mi presencia atraía mucha gente. Y también allí comenzaba de nuevo a predicar el Evangelio; cuando celebraba la misa siempre se llenaba la iglesia. Me llamaban por teléfono a toda hora.

¿Cómo se resolvió la situación?

Lo que me indicó el camino de salida fue el primer y tan esperado encuentro personal con Juan Pablo II. Fue un encuentro que me rehabilitó y que abrió un nuevo capítulo en mi existencia. Yo fui a ver al Santo Padre pasado de revoluciones: "Finalmente –pensaba– podré decirle lo que verdaderamente ha sucedido, y desmentir a todos los que me acusan". Pero no pasó nada de eso. El Papa me desarmó, me amó y me dijo: "No debes sorprenderte por lo que te ha sucedido. Le sucedió también al Padre Pío, porque la Iglesia tiene que hacer sus investigaciones para estar segura, por su deber absoluto de proteger a los fieles. Ahora debes dirigirte al cardenal Casaroli para ver con él cómo ocupar un puesto adecuado en el Vaticano". Así que yo, que había entrado en el estudio del Papa cargando como un toro, salí manso como un cordero, aceptado y amado, totalmente desarmado ante su bondad. Era tan amable y acogedor que me había conquistado el corazón.

Más tarde fui a ver al cardenal Casaroli. Entonces se me nombró delegado especial de la Comisión pontificia para la pastoral de los migrantes, que en 1988 se convirtió en Consejo.

Seré curioso, monseñor. ¿Por qué siguió siendo fiel a la Iglesia católica a pesar de las tan graves acusaciones de las que ha sido objeto en repetidas ocasiones?

No sé por qué, pero advierto en mí el sentido de la maternidad de la Iglesia. Esto puede resultar extraño, porque en mi vida, en particular en mi tribu, siempre tuve maestros que me enseñaron la "paternidad". A pesar de esto, en el corazón me quedó siempre el sentimiento de la maternidad de la Iglesia, quizás por la relación privilegiada que tuve con mi madre. ¿Qué significa que la Iglesia es madre para mí? Quiere decir que tiene sentimientos, afecto, amor por sus hijos. Hasta tiene gestos que compararía a la caricia. Yo he advertido muchas veces en mi vida la carencia de la Iglesia–Madre. Pero, pasados los momentos de prueba, siempre advertí de nuevo esta caricia de la Iglesia. No logro explicármelo de otra manera. La fidelidad a esta madre ha sido siempre más fuerte que todo lo que me ha sucedido.

Volvamos al relato de sus andanzas. Usted se vio obligado a dimitir como obispo de la diócesis de Lusaka...

No fui verdaderamente obligado, sino que más bien acepté la invitación del Papa. Entonces dejé la diócesis de Lusaka para asumir, como hemos visto, el cargo de delegado especial de la Comisión Pontificia para la pastoral de migrantes. Formaba parte de la comisión –dirigida durante un tiempo por el cardenal Cheli, que he vuelto a encontrar este verano–; al principio tuve que ponerme al día en todo lo que se refería a los problemas de inmigración en el mundo entero. Mis estudios me ayudaron en esto. Luego, en cuanto delegado, podía hablar no sólo como uno de los tantos miembros de la comisión pontificia, sino precisamente en nombre de ella. Por lo tanto tenía un cargo significativo en el Vaticano.

¿No hacía nada más que eso?

No podía hacer sólo eso, encerrado en una oficina. ¿Usted me ve a mí encerrado todo el santo día en una habitación? Así, junto a estas prerrogativas institucionales, comencé de nuevo una acción paralela, para hacer fructificar los dones particulares de los que me sentía depositario. Recordemos, por ejemplo, las oceánicas reuniones en el Hotel Ergife, de Roma, con casi diez mil personas que participaban en cada ocasión. Vuelvo a repetir que, también en este segundo período romano, lo que me ha guiado en mi actividad pastoral es el haberme dado cuenta de las necesidades urgentes de la gente. En el fondo, no sólo en Africa hay problemas. Comprendía la opresión que hay en el corazón del hombre occidental en la actualidad. Aunque externamente a veces se tiene la impresión de que todo vaya bien, bajo las apariencias hay una infinidad de dolores. Intuía cuántos hay sin paz interior, sin serenidad. Y me di cuenta también cómo esta gente, precisamente a causa de estas dificultades, no fuera ya capaz de difundir amor a su alrededor. Todos nosotros estamos hechos para vivir en sociedad, no para retraernos sobre nosotros mismos. Estos "enfermos", estando junto a otros, se daban cuenta de cuántos sufrían como ellos, y así volvían a casa con una nueva actitud interior, muchas veces incluso curados en su corazón y en su alma. Y a veces también en el cuerpo.

Sin embargo muy pronto volvieron a comenzar los problemas.

En Roma, y también en otras diócesis italianas, volvieron los tiempos de las prohibiciones. Muchas veces no podía predicar ni celebrar misa en público. Me trataron, también algunos cardenales, como un trapo de piso. Es verdad, era un poco turbulento, y no siempre iba a pedir las autorizaciones necesarias para celebrar en ciertas iglesias de ciertas diócesis. Pero no realizaba actos de espiritismo, como se andaba diciendo. Yo sólo trataba de trabajar y de orar para liberar a mucha gente poseída. A propósito de esto, yo no acepto la definición de endemoniados que se da a esta gente. No se le puede decir a nadie que tiene el diablo en sí mismo y que, por lo tanto, es "casi" un diablo. Poseídos es un término que se adapta mejor, pero tampoco es suficiente, porque yo siento un gran respeto por esta gente "turbada". "Turbada", esa es la palabra. Cuando sentía que alguno se liberaba de la posesión del diablo, me preguntaba de nuevo si no era yo el que provocaba todo eso. Pero la respuesta era siempre evidente: era la presencia de Dios la que los liberaba.

Pero no todos aceptaban esta forma mía de actuar, tal vez porque durante las celebraciones de la misa se piensa que toda la atención debe concentrarse en el altar, mientras que en mis ceremonias se oían gritos de la asamblea, a derecha e izquierda, por todas partes. Y esto molestaba, es verdad, a la intimidad de la misa. Pero yo no podía controlar estas reacciones: yo sólo podía orar. Después volvía el silencio, siempre. Algunos obispos me prohibieron celebrar en sus diócesis por eso. Pero ya es historia pasada.

¿Usted protestó en el Vaticano por estas limitaciones?

Claro que lo hice, de muchas maneras. Pero la respuesta era sólo el silencio, o por lo menos así me parecía. Si por ejemplo me hubieran pedido que redactara una relación periódica sobre mi trabajo, la habría hecho con gusto, y tal vez no se hubieran suscitado tantas incomprensiones.

En América del Sur

Después del período en la casa de Castelli Romani –donde las posibilidades de movimiento, incluso para pasear en la naturaleza, eran prácticamente nulas– el Vaticano decidió transferir al incómodo personaje, y a sus urticantes secretos a otra parte, lejos de Roma y de las grandes ciudades. Se eligió otro centro de los Focolares, en Argentina, O'Higgins, un lugar sin ruido ni multitudes. Aquí se mudó Mons. Milingo a comienzos del mes de octubre de 2001, con estratagemas dignas de un buen film policial. Nada extraordinario, sólo las obvias precauciones para permitirle al prelado llevar a buen término el período de reflexión preestablecido.

No es fácil comprender como pudo realizarse este traslado, pero las suposiciones sobre presuntos refugios de Mons. Milingo no rozaron este lugar, que permaneció a cubierto de todo ruido mediático, salvo en una ocasión, que pronto se desinfló. Aquí la condición psicofísica y espiritual del ex arzobispo ha ido mejorando. A Mons. Milingo se lo puede ver ahora finalmente sereno, como él mismo nos hizo notar varias veces a lo largo de la entrevista y fuera de ella. En todo caso hemos encontrado a una persona muy distinta del hombre acorralado y vacilante del verano 2001.

¿Cómo se organizó la partida de Castelli Romani?

Después de algo más de treinta días de retiro pasados cerca de Roma, de común acuerdo se decidió que habría continuado mi período de reflexión en otra parte. La partida fue obviamente organizada con extrema atención, con la colaboración de las fuerzas del orden de Italia. Fuimos embarcados, el obispo emérito Donnelly y yo, en un vuelo de la línea Alitalia con destino América del Sur. Llegamos, escoltados por la policía, directamente a la pista del aeropuerto donde estaba estacionado el avión. Era de noche. Subimos por la escalerilla externa reservada al piloto y nos acomodamos en la primera fila, que había sido separada del resto de los pasajeros con una mampara. A último momento se nos pidió que esperáramos, porque había algo que no funcionaba como estaba previsto: quizás alguno que quería justamente nuestro lugar. Después no se presentaron más problemas. También el personal de la compañía supo mantener el secreto sobre toda la operación. Apenas estuve a bordo, me relajé, y pensé que habría atravesado nuevamente el Atlántico por primera vez desde los acontecimientos del mes anterior. ¡Cuántas cosas habían sucedido, cuánto había cambiado en esas pocas semanas!

¿Le costó dejar la casa donde había vivido durante cinco semanas?

Sí, me costó. Tanto más que partí de Castelli sin haber encontrado la ocasión adecuada para recompensar a mis amigos sacerdotes por todo lo que habían hecho por mí. Creo que de cualquier manera, viéndome feliz, vuelto en cierto sentido a la normalidad, ya sin temores y con un asomo de sonrisa en los labios, habrán tenido la recompensa que esperaban.

¿Logró continuar con su retiro, a pesar del cambio?

Sin ningún esfuerzo. Debo decir que no hubo grandes dificultades por el lugar, porque la comunidad que me hospeda aquí es la misma que había encontrado en Castelli Romani, la de los Focolares. Obviamente no son las mismas personas, pero la espiritualidad, la actitud frente a la vida, la forma de actuar son semejantes. Es gente que ha elegido como base de la propia vida el amor recíproco. Por eso no me siento aquí extranjero.

¿No tuvo nunca, aquí en América del Sur, momentos de desaliento, o quizás de depresión?

Sí, los tuve también aquí. Pero con la oración, la asistencia médica y la regularidad de vida logré que fueran cada vez menos frecuentes. El 15 de abril, sin embargo, estaba realmente por el suelo, me parecía que todo en mi vida había sido equivocado, en particular los acontecimientos del verano 2001. No lograba perdonar a quien me había hecho tanto daño, y ni siquiera aceptaba haber cometido tantas necedades. Entonces tuve la impresión de que el Señor me decía claramente: "Yo te he perdonado, ¿y tú no logras perdonar a quien te ha ofendido?". Desde ese momento las cosas van mejor, realmente tengo que decirlo.

Chiara Lubich, la fundadora de los Focolares, naturalmente sabía todo y lo seguía desde lejos...

Es así. Tengo una deuda con Chiara que ha aceptado a la oveja negra en su rebaño. Con su bendición he sido tratado con un cuidado escrupuloso, como si fuera el único huevo de la canasta. Ciertamente saldré de esta experiencia mucho más rico de cómo he entrado. Y también espero ser todavía acompañado por el cuidado materno de Chiara, una persona que está siempre frente a Dios. Estoy seguro de sus oraciones y de su apoyo.

¿Cómo definiría a los focolarinos?

Para ellos lo central es comportarse como hermanos y hermanas. Esa es la bandera que enarbolan en el mundo: el amor hay que vivirlo, hasta dar la vida –a ejemplo de Jesús– los unos por los otros. Cuando se encuentran crean, con su unidad de corazón y de mente, un simple y profundo clima espiritual. El Movimiento está presente en todo el mundo y el Papa los llama "un pueblo". Entre ellos no hay superiores que hacen pesar la autoridad sobre los demás. Las personas están al servicio unos de otros en sus respectivas comunidades. Se advierte la alegría de ser útiles a los demás.

Aquí me encontré con gente joven. También encontré un compañero, un obispo emérito que vive conmigo, junto a dos sacerdotes diocesanos. Con ellos se da la misma alegría de vivir, el mismo deseo de poner en práctica el amor recíproco. No encuentro las palabras adecuadas para expresar lo que estoy viviendo ahora gracias a estos hermanos. Puedo decir que es una comunidad afectuosa, donde la caridad es constante y donde el servicio recíproco no falta nunca.

Veo que aquí en O'Higgins ustedes dos, obispos, son los primeros en servir la mesa y preparar la comida. ¿A qué se debe?

En la vida de nuestra comunidad es importante servir al otro, porque éste es el amor concreto y mutuo que

Jesús nos ha enseñado. ¿Por qué hacernos servir? Es importante, en cambio, compartir, escuchar, ayudar. Por eso nadie, ni siquiera un obispo, está por encima de la comunidad. Aquí se pone en práctica lo que yo definiría como "un despojo de títulos".

¿Me lo podría explicar mejor?

Significa que aquí, en la vida de todos los días, no llevamos el anillo y la cruz episcopal. La gente, cuando habla conmigo, no agrega los títulos honoríficos: monseñor, su excelencia o arzobispo. Aquí soy simplemente el P. Manuel. Porque he comprendido que lo que cuenta no es tanto impresionar a los demás con los títulos, sino "entrar" en el otro, "hacerse uno" con él, con delicadeza, igualdad y dignidad. Los títulos infunden temor y pueden crear un complejo de inferioridad. Si pasamos entre la gente ostentando nuestros títulos y pretendemos reconocimiento de los demás, nos comportamos como miembros de un clan que, al llegar a cierto rango, se vuelven intocables e inaccesibles. Quiere decir que todavía estamos buscando gloria humana.

¿Ya no le interesa la gloria humana?

Como no me interesaba antes, y menos que antes. Una vez más he comprendido que es un obstáculo.

¿Cómo son sus jornadas aquí?

El programa que seguía en la casa de Castelli continúa también aquí. Pero aquí, además, puedo hacer largas caminatas; aquí escribo y compongo músicas y cantos en la lengua nativa de mi pueblo.

¿Cómo es la última canción que compuso?

Todavía no está terminada. La dediqué a la Virgen, porque en este lugar bendito mi relación con María ha ido en aumento, y también mi admiración por ella. Ahora estoy tratando de cantar su belleza, una belleza que sólo Dios podía crear. Ninguna de las otras criaturas, incluso los ángeles, la tienen como ella. Siempre estamos interesados en pedirle gracias, pero algunas veces tendríamos que admirarla solamente, comprender lo que Dios ha hecho en ella. Es lo que estoy tratando de hacer al componer esta canción.

¿Ha vuelto a encontrar la paz?

Sí, gracias también a la bellísima naturaleza de estos lugares. Las leyes naturales son lo que son: en ellas hay belleza, sonido, oración. Al estar sumergidos en la naturaleza se siente la mano de Dios en forma más directa que cuando se está en medio de la humanidad y del ruido de la ciudad.

Todo hombre, toda mujer desea paz y serenidad, porque con eso se puede contribuir mejor al bienestar de la humanidad.

¿Es un período de soledad?

Uno generalmente se imagina que los retiros son períodos de aislamiento, pero yo diría más bien que son de recogimiento; lo cual significa volver a las raíces de uno mismo, de la propia humanidad. Significa comprender que, sin Dios, no podemos hacer nada. Pero aún permaneciendo retirado yo puedo hacer muchas cosas por medio de la oración, a través de Dios que permanece en contacto con los demás. Por eso es importante orar: en la misa, leyendo el breviario o rezando el rosario.

¿Reza mucho?

Sí, es un alivio. Ya lo dije antes: es como la vida del pez que, fuera del agua, no puede vivir. Yo, como cristiano, no puedo ni siquiera imaginarme sin oración: rezo incluso antes de lavarme la cara, después hago el resto. Sin la oración no soy nada.

Usted ha conocido mucha gente y ha viajado mucho. ¿Qué encuentra de característico en el pueblo argentino?

La simplicidad y la alegría. Aunque las dificultades del país en este momento son enormes, la gente no deja de ser alegre, a pesar de todo. Y luego la naturaleza, que es verdaderamente extraordinaria. Aquí hay de todo.

¿Si le pidieran que se quedara toda la vida aquí, lo haría?

Si así fuera, por obediencia lo haría, como estoy dispuesto a ir a cualquier otro lugar si se considerase oportuno. Pero si tuviera que elegir no me quedaría aquí: elegiría el Africa, mi tierra que tanto añoro.

¿Cree que podrá volver al tipo de vida que llevaba antes del "período norteamericano"?

No lo sé. Hoy no es fácil preverlo. Pero nada será como antes. Yo haré lo que desea la Iglesia, haré lo que se me pida que haga. El proyecto es que yo vuelva a principios de octubre a Zagarolo, a una casa donde viviré con un par de sacerdotes, porque quiero seguir haciendo una vida de comunidad fraterna. Habrá también algunas religiosas y oficinas. Además se está completando la remodelación de un gran galpón donde celebraré misa para los que quieran participar. Allí desarrollaré mi ministerio, también los de sanación y exorcismo. Tendría que volver a desarrollar mi misión pastoral, siguiendo también a mis tres congregaciones.

¿Seguirá viajando mucho?

No, no me trasladaré tan seguido, pero en cambio recibiré a quienes quieran venir a visitarme: ¡no quiero crear más problemas a las Iglesias locales! Desde allí me ocuparé también de mis obras de caridad, tanto en Zambia como en otros lugares. Espero también poder visitar de nuevo mi país, tengo un gran deseo de ir allí.

¿Cuál sería hoy su mayor aspiración?

Estoy convencido de que el amor tiene que ser algo natural para todo cristiano. También para mí, más que antes. Esto significa estar a disposición total de la persona concreta que se tiene delante y en el momento presente. He aprendido de los focolarinos que no tenemos que vivir encerrados en nosotros mismos, sino abiertos: hay necesidad de una espiritualidad colectiva, una espiritualidad de comunión, como dice el Papa. Sí, como dice San Pablo, vivíamos como hombres viejos, ahora tenemos que vivir como hombres nuevos, con la presencia de Jesús en medio nuestro.

Confesión

Permanecimos, junto a Marco Aleotti y Andrea Fantozzi, tres días en O'Higgins, en la pampa argentina, donde Mons. Milingo trasncurre sus últimas semanas de retiro: un día completo de grabaciones para la entrevista principal y dos de ambientación, de tomas de apoyo y de complemento de la entrevista para este libro. Hoy estamos partiendo al alba, el avión nos espera. Anoche no pudimos saludarlo, así que decidimos presentarnos en su casa antes de que saliera para su paseo matinal. Nos recibe todavía un poco dormido, agradeciéndonos por la entrevista hecha.

Decide escribir el mensaje que transcribimos en la apertura del libro.

Parto con la impresión de haber estado con una persona inclasificable, fuera de lo común, nada fácil de juzgar. Un obispo que, en lugar de pronunciar largas homilías y redactar documentos, canta en San Remo; que en lugar de participar de congresos acartonados, se va con los moonies y se casa para poder predicar el Evangelio; que en lugar de ocuparse de los ceremoniales, cura enfermos y expulsa demonios. Una persona irremisiblemente africana y, al mismo tiempo, de convocatoria universal. Es un hombre ambicioso, que quiere conquistar la confianza de quien tiene delante, y sabe hacerlo.

A modo de conclusión, considero útil transcribir algunas respuestas recogidas en distintos momentos de estos tres días de conversación. Las vuelvo a leer y me parece que ofrecen un último encuadre de la personalidad de Mons. Milingo: no el del sanador, ni del exorcista, y ni siquiera el del obispo. El de un cristiano.

Repaso mentalmente las tomas de la entrevista, el encuadre total evidencia una inscripción latina, Dominus vocavit me, *Dios me ha llamado, que repetía casi exactamente cuanto Mons. Milingo nos había dicho el día anterior: "El Señor me ha llamado desde siempre, y siempre seré suyo". También ahora que él se defina como un "pez rescatado del pantano", expresión que él mismo quiso como título de este libro.*

Para usted, ¿quién es Jesucristo?

Escúcheme, yo era un pastor, todavía muy niño, que arreaba vacas; cuando caminaba por los campos nunca me habría imaginado lo que llegaría a ser. A los 12 años entré a la escuela: éramos 26 alumnos, pero sólo 13 llegamos al seminario menor. Luego dos ingresamos al seminario mayor. A la ordenación llegué sólo yo. Esto me hace pensar. Fue Jesús quien quiso que yo participara de su misma misión sacerdotal, de su obra de "restauración de la humanidad". El, "nueva creación", me dio este privilegio. El me eligió.

¿Cuál sería su último sueño?

Pobre de mí, sería difícil de contar. Debe saber que en la cultura de mi país los sueños son muy importantes, porque señalan algo de la realidad. Pues bien, el sueño que se repite a menudo en mis noches es el de encontrarme en medio de mucha gente. Es un sueño que imagino proviene del trabajo que he desarrollado por mucho tiempo. En el sueño rezo, suceden curaciones, celebro la misa, siempre en medio de una multitud.

¿Cuál es su página de Evangelio preferida?

Desde cuando comenzaba a pensar en ser sacerdote estaba convencido de que yo le pertenecía a los demás. Desde entonces siempre tuve predilección por la página del buen samaritano, una parábola que me llevó a ayudar a los demás, a ir en socorro de los necesitados, a enseñar a la gente a escribir, a crear clínicas móviles. Recuerdo que en mi aldea, en el tiempo de la cosecha, todos los años se repetía la costumbre de destinar una parte del maíz a los pobres. Era normal y espontáneo. Por eso era casi natural que prefiriera la página del buen samaritano. Pensando siempre en esa página inventé el método de alfabetización en un mes y, más adelante, fundé la *Zambia Helper's Society*. Casi enloquecí por compartir todo lo que tenía y que sabía que los demás necesitaban. Casi enloquecí, se lo aseguro.

¿Qué oración es la que más siente?

Sin duda, las que rezamos habitualmente, el Padrenuestro, el Avemaría, el Credo, el rosario. Pero tengo para mí una oración infantil brevísima, que repito muchas veces al día: "*I love you Daddy, I love you Jesús, I love you Holy Spirit*", que significa: "Te amo Papá, te amo Jesús, te amo Espíritu Santo". Para mí esta oración es importante, en cualquier situación me encuentre.

¿Hay algo que lo conmueve?

El haber conocido a Jesús. El que es ignorante de Dios, el que no lo conoce, no puede apreciar el privilegio de vivir sostenido continuamente por su amor. Así como después de la sequía llega la lluvia y todo comienza a crecer, de igual manera conocer a Dios quiere decir ver la propia vida florecer.

¿Dónde está Dios?

Yo hablo con él como ahora hablo con usted. Para mí está aquí, en mí, entre nosotros. Aún en las cosas más simples yo vivo con él: cuando compongo, por ejemplo, le pido a Dios que me sugiera cómo terminar una frase, cómo engancharla con la que sigue. Yo quiero estar con Dios siempre, en cada acción de mi vida, en cada momento. Dios está con nosotros, Dios está en nosotros. Así como un niño les muestra feliz a los padres lo que ha hecho bien, y vuelve continuamente a ellos porque sabe que lo comprenden y lo aprecian, que tienen tiempo para él, así yo vuelvo a Dios, que es mi padre. Mi nombre es Emmanuel, que quiere decir: "Dios con nosotros". El es todo para mí.

Quisiera agregar también que en estos meses he aprendido que lo máximo del Evangelio consiste en ser un niño evangélico, ser uno de los "pequeños" predilectos de Jesús. Quiero confiarme completamente a Dios, como un niño.

Para concluir la entrevista, ¿qué le querría decir a los lectores?

A todos los que me han conocido antes del profundo "agujero negro" del año pasado, pero también a quien me ha conocido únicamente a través de los medios de comunicación durante ese período atroz, quiero decirles sólo esto: pido perdón, como ya lo hice en las cartas al Papa, a todos los que hice sufrir, al Santo Padre, a los obispos, a los religiosos y religiosas de mis congregaciones, a María Sung y a todos. He hecho mi subida al Calvario el año pasado. No querría que se repitiera.

Y quiero agregar que en el período que estoy viviendo advierto una cercanía cada vez más profunda con Dios. Es bueno estar activos, pero también se corre el riesgo de ir quedándose vacíos, sin darse cuenta. Para mí, éste es un período de examen de conciencia sobre toda mi vida, de confrontarme con ese Dios que siento particularmente cercano. Siento necesidad de confesión.

Indice

Se terminó de imprimir en septiembre de 2002,
en EDITORIAL BARAGA (imprenta y encuadernación),
Colón 2544, 1826 Remedios de Escalada, Buenos Aires, Argentina.